_ 모든 조직은 디지털 전문가가 필요하다.
_ 어떤 직종을 원하든지 상관없다.
_ 디지털 콘텐츠는 의사소통 그 이상의 무엇이다.

_ 쉬운 글과 명확한 메시지는 필수다.
_ 상품의 이미지와 말투를 잘 생각한다.
_ 길이가 긴 글쓰기를 연습한다.

_ 영상은 가장 기본적인 유형의 콘텐츠다.

_ 생각보다 제작비용이 저렴하고 만들기 쉽다.

_ 생중계 또한 중요하다.

_구직 가능성을 높이기 위해 다른 종류의 콘텐츠 기술을 배운다.

_오디오는 간과하기 쉽지만 매우 중요하다.

_사진 제작은 영상보다 배우기 쉽다.

디지털 콘텐츠는
처음입니다만

디지털 콘텐츠는
처음입니다만

펴낸날 2018년 6월 15일 1판 1쇄

지은이 애덤 워터스
옮긴이 윤동준
펴낸이 김영선
교정·교열 이교숙, 남은영
경영지원 최은정
디자인 김규림
표지 일러스트 이보람
마케팅 PAGE ONE 강용구
홍보 김범식

펴낸곳 (주)다빈치하우스-미디어숲
주소 경기도 고양시 일산서구 고양대로632번길 60, 207호
전화 (02)323-7234
팩스 (02)323-0253
홈페이지 www.mfbook.co.kr
이메일 dhhard@naver.com (원고투고)
출판등록번호 제2-2767호

값 15,800원
ISBN 979-11-5874-036-8

• 미디어숲은 (주)다빈치하우스의 출판브랜드입니다.
• 잘못된 책은 바꾸어 드립니다.

이 도서의 국립중앙도서관 출판예정도서목록(CIP)은 서지정보유통지원시스템 홈페이지(http://seoji.nl.go.kr)와 국가자료공동목록시스템(http://www.nl.go.kr/kolisnet)에서 이용하실 수 있습니다.(CIP제어번호: CIP2018014919)

디지털 콘텐츠는 처음입니다만

애덤 워터스 지음
윤동준 옮김

미디어숲

차례

PART 01
디지털 콘텐츠 기술이
필요한 이유

PART 02

디지털 세상에 맞는
글쓰기는 따로 있다

PART 03

누구나 멋진 영상을
만들 수 있다

PART 04
그래픽 디자인, 사진 그리고 오디오

PART 05
디지털 커뮤니티 구축하기

PART 06

평가를 통해
통찰을 얻는 법

PART 07

소셜 미디어에서의
성공 열쇠

PART 08

성공은 사람에게
달려 있다

디지털 콘텐츠는
기회다

변화무쌍한 디지털 콘텐츠의 세상에서 우리는 항상 새로운 것을 발견한다. 디지털 콘텐츠에 자신이 생기면 날마다 새로운 것을 배울 수 있고, 놀라운 스토리를 만들어 낼 수 있으며, 창의력을 발휘할 기회가 생긴다. 비디오, 기사, 애니메이션 등 다양한 방법으로 소통할 수 있다. 수많은 사람을 만나고, 지지하는 조직이나 그 조직이 지향하는 가치를 위해 싸울 수도 있다.

무엇보다 좋은 점은 누구나 이런 일을 할 수 있다는 것이다. 특정한 자격 요건이나 비싼 장비, 아니면 누군가 아는 사람이 있어야 할 필요가 없다. 배우고자 하는 욕구, 창의성, 스토리를 만들고 싶다는 열정만 있으면 된다.

디지털이란 무엇인가

사람들마다 '디지털'에 대한 의미를 다르게 사용해 혼란스럽다. 회사와 같은 조직은 클라우드 컴퓨팅이나 앱 개발과 같은 기술적 의미로 사용한다. 디지털 미디어는 넷플릭스나 컴퓨터 스토리지와 같은 스트리밍 서비스를 의미한다.

한마디로 말하면, 디지털 콘텐츠는 글, 사진, 오디오, 디자인, 비디오 등으로 구성된 내용이다. 이는 랩톱과 같은 큰 화면에서도 가능하지만 주로 스마트폰을 통해 널리 소비된다. 이런 식으로 정리하면 간단하고 명확하다. 소셜 미디어는 콘텐츠를 공유하는 필수적인 플랫폼이 되었다. 그러나 앱이나 모바일 웹 사이트를 통해 보거나 메신저를 통해 공유할 수도 있다.

디지털 부문이 급성장하면서 큰 변화를 불러왔고 이는 디지털 콘텐츠 기술에 대한 커다란 수요로 이어졌다. 그 수요는 실질적으로 모든 산업과 조직에 걸쳐 있다. 디지털 콘텐츠와 관련된 직업에 관심이 있는 사람들에게는 희소식이다. 그럼에도 여전히 소셜 미디어를 이해하거나 디지털 콘텐츠를 만드는 일이 제대로 된 직업이 될 수 있는지에 대해서 의구심을 갖는 사람들이 있다. 장담하건대 디지털 콘텐츠에 대해 숙련된 기술을 갖추면 분명 많은 기회들을 만날 수 있다.

이 세계 또한 경쟁이 치열한 시장이다. 자신이 일하고 싶은 업종에서 디지털 콘텐츠 기술을 전문화시키는 것이 최고의 방법이다. 일하고 싶은 식품 브랜드와 관련된 요리에 관심이 있다면 레시피 영상을 만들고 빵 굽는 법에 대한 글을 써라. 국립공원에서 일하고 싶은 활동적인 사람이라면 인스타그램 채널을 통해 멋진 풍경을 홍보해라. 저널리즘과 같은 보다 진지한 일이나 심지어 경찰들이 하는 준법 캠페인을 도울 수도 있다. 이런 목록은 무궁무진하다. 명심할 점은 디지털 콘텐츠에 익숙하고 능숙해지면 재미뿐만 아니라 창조적이 될 수 있고 자신의 관심사에 부합하는 직업을 찾을 수도 있다는 것이다.

디지털 세상으로 이끈 두 가지 혁신

밀레니엄 직전 인터넷이 전 세계에 퍼졌다. 그 당시에는 거의 데스크톱 컴퓨터로 인터넷에 접속했다. 인터넷이 부상하자 콘텐츠를 제공하던 모든 주체들(신문, 방송, 광고회사 등)은 재빨리 이 흥미로운 새 플랫폼으로 옮겨가서 자신들의 콘텐츠를 공유할 수 있는 웹 사이트를 구축했다. 신문사는 매일 발행되는 신문을 전자 신문으로 만들었고 미디어 회사는 자신들의 사이트에 비디오 클립을 올렸고 라디오 방송은 스트리밍 서비스를 시작했다. 아직도 이런 초기의 디지털 콘텐츠가 현실 세계의 콘텐츠와 맞대응해 동일한 형태로 존재한다.

현재의 디지털 세계와 콘텐츠가 형성되기까지 두 가지 커다란 혁신이 있었다. 아이폰 개발과 소셜 미디어의 등장이다. 아이폰은 통신 산업의 변화를 불러왔고 지금 우리가 알고 있는 스마트폰을 사용하는 데 시동을 걸었다. 아이폰은 사용법이 손쉬워 이를 들고 다니는 모든 사람이 인터넷에 접속할 수 있게 되었다. 애플의 경쟁사들은 재빨리 강력한 카메라와 더 넓은 화면을 가진 매력적인 상품들을 개발했다. 광범위한 사람들이 소셜 미디어 속 네트워크를 통해 비디오와 이미지를 쉽게 공유하고 실시간으로 업데이트했다. 공적인 업무를 볼 수도 있고 간편하게 스토리에 댓글을 달 수도 있다.

두 가지 혁신, 즉 스마트폰과 소셜 미디어의 결합은 가히 혁명적이었다. 사람들은 어디서든 세상을 향해 방송할 수 있게 했다. 스마트폰에 달린 카메라는 10년 전에 존재했던 어마어마한 가격의 카메라보다 더욱 강력한 성능을 자랑한다. 스마트폰은 점차 인터넷에 접속하는 주요 수단으로서 데스크톱을 따라잡기 시작했다.

스마트폰이 출현하면서 콘텐츠 공급자들은 자신들의 콘텐츠를 어떻게 시청자와 독자들에게 공급해야 할지 고민에 빠졌다. TV용으로 만들어진 큰 화면에 맞는 비디오가 길고 좁은 스마트폰의 화면에도 경쟁력이 있을까? 커다란 화면용으로 디자인된 웹 사이트는 모바일 화면용으로 빠르게 변환되지 않으면 읽기가 불가능하다.

소셜 미디어나 모바일 웹 사이트에 강력한 소구력이 있는 콘텐츠를 만드는 일은 업계의 새로운 기준과 전문 분야가 되었다. 콘텐츠 공급자들은 디지털 콘텐츠의 특징을 재빨리 깨달았다. 즉각 디지털 플랫폼에 특화된 비디오와 저작물을 만들기 위한 조직을 구성했다. TV 방송사들은 기존 화면을 모바일용으로 재편집했다. 더욱 간결하게, 넓은 화면보다는 세로 화면에 더 적합하게 수정했다.

디지털 플랫폼에서만 활동하는 콘텐츠 공급자들도 빠르게 늘어났다. 가장 대표적인 예는 아마 버즈피드^{BuzzFeed}(2006년에 요나 페레티가 설립한 뉴스 및 엔터테인먼트 웹 사이트로 사용자가 올리는 뉴스, 제휴 매체의 기사가 주요 콘텐츠로 정리되어 노출된다)일 것이다. 지금은 다양한 주제를 다루며 자체 뉴스 팀을 보유하고 있다.

단지 미디어 회사들만 여기에 해당되는 것은 아니다. 소셜 미디어에 자유롭게 접근할 수 있고 스마트폰이 광범위하게 사용되는 지금 누구든지 쉽게 이야기를 전달할 수 있고, 정보를 제공하며, 자신의 제품을 마케팅할 수 있다.

당신도 디지털 콘텐츠를 만들 수 있다!

이 책의 목적은 디지털 콘텐츠를 만들 때 필요한 기본적인 기술을 알려주는 것이다. 특정 소셜 네트워크의 상세한 내용을 다루거나 어도비 프리미어 편집기 같은 구체적 앱의 단계별 가이드를 제공하지는 않는다. 원칙은 중요하고 세월에 따라 크게 변하지 않는다. 훌륭한 영상을 만드는 법을 일단 이해하면 선택한 앱을 사용하기 위한 매뉴얼은 쉽게 찾을 수 있다. 이 책이 독자들에게 많은 도움이 되기를 바라지만 지금은 사용되지 않는 프로그램에 대한 뒤떨어진 가이드는 아무런 도움이 되지 않는다.

잘 만들어진 디지털 콘텐츠란 어떤 것인지 그리고 그것을 어떻게 만들지에 대해 설명하겠다. 이런 지식들을 갖추면 그때 사용하고 있는 특정 앱과 네트워크에 대한 상세한 내용을 배울 수 있다. 이 책의 마지막 장을 덮고 나면 디지털 콘텐츠의 세계 속으로 날아오를 준비가 되어 있을 것이다.

마음속에 새겨야 할 한마디

"나는 할 수 있다."

마음속에 꼭 새겨야 할 한마디다. 안타깝게도 내가 만난 많은 사람이 자기 자신을 믿지 않았다. 그들은 흥미로운 이야기를 쓰거나 영상을 만드는 일은 자신들이 절대 할 수 없는 일이라고 여겼다. 이것은 말도 안 된다. 디지털 콘텐츠에 호기심은 있지만 아직 창조적인 일은 해보지 않았을 것이다. 그렇다고 앞으로도 할 수 없다는 것은 말이 되지 않는다. 자신에 대한 믿음을 가지고 긍정적으로 새로운 것을 배우려는 자세가 무척 중요하다.

이 책의 각 장에는 의도적이든 우연적이든 디지털 콘텐츠 작업을 해 본 사람들의 사례 연구가 있다. 다양한 분야의 사람들이 소개되므로 이를 통해 서로 다른 많은 조직에 각각 디지털 콘텐츠가 왜 중요한지를 아는 데 도움이 되기를 바란다. 또한 각 장의 끝부분에는 '실전 연습'이 있다. 배운 것을 시험해 보고 또 미래의 취업 활동에 활용할 수 있는 포트폴리오를 남길 수 있으므로 연습에 적극적으로 임했으면 한다.

PART 08

디지털 콘텐츠 기술이 필요한 이유

_ 모든 조직은 디지털 전문가가 필요하다.

_ 어떤 직종을 원하든지 상관없다.

_ 디지털 콘텐츠는 의사소통 그 이상의 무엇이다.

디지털 콘텐츠의 성공

디지털 플랫폼은 두 가지 중요한 기능을 한다. 정보의 원천인 데다가 사람들이 소통할 수 있게 돕는다. 디지털 콘텐츠의 성공에 가장 기본은 사람들이 정보에 어떻게 반응하고 공유하는지를 이해하는 것이다.

이미 당신은 소셜 미디어에 푹 빠져 있거나 특정 주제에 열광적이어서 벌써 수많은 팔로워를 거느리고 있는지도 모른다. 그렇다면 거대 조직을 위한 디지털 계정을 운영해 본 적은 있는가?

멋진 영상을 만들어 낼 수 있을지도 모른다. 하지만 그 기술을 다른 사람들과 공유해 본 적은 있는가?

디지털 커뮤니티를 운영한 경험이 있을 수도 있다. 그러나 디지털에 익숙하지 않은 사람들과 팀을 이뤄 본 적은 있는가?

디지털 기술에 관해 가르쳐 본 경험이 있을지도 모른다. 그러나 조직에서 디지털에 회의적인 상사에게 디지털에 투자하도록 설득해 본 경험은 있는가?

소셜 네트워크를 한 번도 사용해 본 적이 없다면 어떻게 할 것인가? 수백만의 사람들에게 콘텐츠를 보여 주는 것은 차치하고 그 이전에 스토리나 영상을 만들 수 있을 리가 없다고 생각할 수도 있다.

세상을 바꾼
디지털

화제의 뉴스가 소셜 미디어에 바로 올라오는 경우가 있다. 세계적으로 스마트폰 사용이 대중화되면서 사람들은 자신의 위치가 어디든지 상관없이 정보를 직접 공유할 수 있게 됐다. 아랍의 봄이나 대통령 선거 같은 이벤트가 '실제 세계'와 소셜 미디어에서 동시에 진행된다. 정보, 이미지, 비디오 그리고 의견들이 즉각적으로 공유된다. 강력한 기능의 카메라가 장착된 스마트폰으로 사람들은 최적의 시간과 장소에서 실시간으로 뉴스를 전하는 기자의 역할을 한다. 세계의 뉴스 보도 회사에는 특종이나 유행하는 테마, 그리고 강력한 이미지를 얻기 위해 소셜 미디어만 전담하는 팀이 있을 정도다.

몇 년 전에 헬리콥터 한 대가 런던에 추락했다. 그 당시 나는 TV 보도본부에서 기자로 일하고 있었다. 다른 특종과 마찬가지로 회사는 현장으로 기자와 카메라를 급파했다. 현장에 도착해서 상황을 파악하고 생방송 준비를 하는 데는 적지 않은 시간이 걸렸다. 동시에 내가 속한 팀은 사람들이 사건 현장에서 올리는 영상과 사진을 모니터링하고 있었다. 우리는 허가를 받아 그 내용들을 즉시 방송했다. 우리는 사무실을 떠날 필요가 없었다. 현장에 급파된 팀들은 아직 도착하지도 못한 상태였다. 만약 강력한 디지털 저널리즘 기술을 개발하고 싶다면 디지털 플랫폼을 통해 명확하고 빠르게 이야기를 전달할 수 있는 사용 가능한 기법과 도구들만 이해해도 성공할 수 있다.

투표를 하거나 세금을 내는 등 공공 서비스의 많은 부분도 온라인을 통해 처리한다. 공공 서비스에 대한 문의사항에 실시간으로 답변하기 위해 소셜 미디어 지원 팀을 운영한다. 디지털 시대를 맞아 공공 영역이나 상업 영역의 거대 조직이 어떻게 적응해야 하는지에 대한 강력한 본보기다. 공공 영역이 아니더라도 정말 중요한 서비스를 제공하는 크고 복잡한 조직에서도 마찬가지다.

정부 관료주의는 사용자들에게 종종 이해하기 어렵고 복잡하다는 평가를 받는다. 세금환급을 받아야 하는 사람은 많은 서류와 긴 대기 시간 그리고 부족한 설명에 대해 불평을 한다. 중요한 정보를 담은 공지사항은 소수의 인원이 보는 전통적인 보도기관을 통해 발표되고는 한다. 다행히 세계의 많은 정부들이 디지털의 잠재력을 깨달아가고 있다. 시민의 삶을 편하게 할 뿐만 아니라 보다 효율적인 처리로 정부가 세금을 절약할 수 있도록 돕는다. 미국이나 영국의 디지털 서비스 본부처럼 많은 디지털 전담 부서가 신설됐다. 정부의 교육부서들은 직원들을 위한 디지털 교육에 투자하고 평가에 반영한다. 종종 정부의 정책이 디지털 조사와 데이터를 통해 입안된다. 그래서 시민들과 소통하는 방법과 정부가 하는 일을 실질적으로 전달하는 방법을 필수적으로 배워야 한다. 공공 부문의 홍보부서 직원들이 명확한 정보와 사람들의 관심을 끄는 콘텐츠를 제작하는 법을 배우면 시민들이 중요한 공지와 그에 따른 메시지를 확실히 이해할 수 있다.

아마도 광고와 마케팅 분야가 가장 크게 충격을 받았을 것이다. 스마트폰과 소셜 네트워크의 대중성과 믿을 수 없을 정도로 정확한 데이터와 분석 결과가 결합하면서 광고가 예전과는 비교할 수 없을 정도로 정확성과 효율성을 지니게 됐다. 새로운 고급 와인 배달 서비스를 위해 헤이슬미어 지역의 모든 와인 애호가에게 광고를 한다고 치자. 과거에는 지역 신문에 광고를 하거나 집 문 앞에 전단지를 뿌렸다. 이 방법이 효과적인지 어떻게 평가할 수 있을까? 매출이 늘어난다면 과연 전단지를 뿌린 영향일까? 와인 배달 서비스 사업을 시작하기 전이라면 그 지역에 와인 애호가가 과연 몇 명인지 어떻게 조사할 것인가? 전단지 배포 직원이 어떻게 와인 애호가에게만 배달할 수 있도록 할 것인가?

디지털 광고를 통해 이러한 문제들을 모두 해결할 수 있다. 그 지역 사람들 중 와인 구매를 즐기고 배달 서비스에 등록할 수 있을 정도의 소득이 있는 이들에게만 광고를 보여 줄 수 있는 것이다. 광고를 접한 사람들이 회사 홈페이지를 방문한 경우에만 광고비를 지불하면 된다. 장점은 이게 끝이 아니다. 고객에 관한 통계를 낼 수 있고 서비스를 개선하는 데 이를 사용할 수 있다. 아마도 헤이슬미어 사람들은 클라레(프랑스 보르도산 적포도)를 즐긴다고 하자. 그런데 피노 누아가 대유행이고 사람들이 이를 월요일 밤에 주문하는 경향이 있다는 통계결과가 나왔다. 이제는 매주 월요일에 피노 누아 할인권을 보내기 시작하고 그 와인에 잘 어울리는 음식을 곁들여 매력적인 영상을 만들 수도 있다.

의도치 않게 디지털 콘텐츠는 자선 행위까지 변화시켰다. 근위축성측삭경화증^ALS (루게릭병)은 최근까지 그리 널리 알려진 질병이 아니었다. 그러나 루게릭병을 앓고 있던 보스턴대학교 학생 피트 프레이츠가 병을 치료하기 위한 연구 기금 모금을 위해 자신에게 얼음물을 쏟아부으면서 이 질환이 알려지기 시작했다. '아이스버킷 챌린지'로 알려지며 바이럴하게 퍼져 나가면서 대유행이 되었다. 세계의 지도자들, 스포츠 스타들, 유명 인사들 그리고 아마도 주변의 친구와 가족들까지 자신의 몸에 얼음물을 쏟아붓고 이를 찍어 소셜 미디어에 올렸다. 그리고 다른 사람들에게도 이 모금 운동에 동참하라고 부추겼다. 한 달 만에 1억 1,500만 달러가 모금됐다. 잘 만들어진 디지털 콘텐츠 하나가 자선 행위의 메시지를 널리 퍼트린 것이다. 사람들은 기부에 동참했고 헌신적인 지지자들도 생겨났다. 비용은 거의 들지 않았다.

만약 자영업을 시작한다면 어떨까? 디지털은 정확하고 저렴한 비용으로 서비스나 상품을 판촉할 수 있는 환상적인 기회를 제공한다. 콘텐츠를 잘 만들 수 있는 법을 이해함으로써 고객들이 서로 서비스와 제품과 관련된 포스트를 공유하고 영상을 보면서 직접 광고를 하게 만들 수 있다. 사업을 위한 자본을 투자받기 위해 관심을 유도하는 스토리와 캠페인을 만들 수 있다. 이번 장의 사례 연구는 디지털 콘텐츠가 얼마나 사업가에게 유용한지를 정확하게 보여 준다.

간단한 예지만 디지털을 통한 의사소통의 힘과 범위를 보여 준다. 바라건대, 이제 모든 조직에서 숙련된 디지털 콘텐츠 기술자들이 반드시 필요하다는 사실을 이해했을 것이다. 이 글을 읽는 독자들은 직장을 구하고 있거나 자선단체에서 일하거나 또는 기자가 되려 하거나 혹시 정부를 운영하는 데 도움을 주고 싶을지도 모른다. 정말 다양한 분야가 있다. 맞다. 하지만 모두 디지털을 통해 효과적으로 소통할 필요가 있다. 최고의 의사소통 도구로서 잘 만들어진 콘텐츠가 필요하다.

이제 모든 것이
디지털이다

　과거에는 대부분의 조직이 대중과 직접 소통하지 않았다. 광고대행사를 고용해서 번쩍거리는 TV 광고를 만들거나 보도 자료를 뿌렸을 뿐이다. 소셜 미디어가 대중화된 이후에는 모든 조직이 다 콘텐츠 공급자가 되었다. 소셜 미디어에 등장하지 않는 조직은 찾기 어렵다. 자연적으로 이런 채널을 통해 잘 만들어진 콘텐츠를 올릴 필요가 생겼다. 콘텐츠 제작, 스토리텔링, 편집, 커뮤니티 구축, 광고 등 예전에는 외주를 줬던 기술들이 이제는 그들 인력의 핵심 부분이 되었다. 좋은 콘텐츠 없이는 소셜 미디어에서 시간을 헛되이 낭비하게 된다.

　이런 상황에서 디지털 콘텐츠를 제작하는 법을 이해하고 배우면 구직자로서 자신의 몸값을 크게 올릴 수 있다. 또한 자신이 원하는 업종으로 쉽게 이직할 수 있다. 근무하고 있는 직장에 신물이 났는가? 소셜 미디어 매니저를 찾고 있는 자선단체를 찾아보라. 아니면 자신만의 사업을 준비하고 온라인으로 추진해라. 여기서 배운 기술들을 써먹을 수 있다. 그러니 디지털 콘텐츠 기술을 배우면 커리어 전망이 밝아질 뿐만 아니라 직업의 종류를 다양하게 찾을 수 있고 보다 안전

디지털 콘텐츠는
처음입니다만

해진다.

　종종 디지털 콘텐츠 기술에 대한 강의를 나가면 마지막에 이런 질문을 하는 분들이 많다. "그런데 저는 지금 회계사/HR전문가/사무실 관리자/등등으로 일하고 있습니다. 왜 내가 이런 것들을 알아야 하죠?"

　물론 콘텐츠 제작 기술이 필요 없는 일도 있다. 그러나 적어도 디지털 세계에 대한 이해조차 필요 없는 일은 사실상 매우 드물다. 내가 위에 열거한 예들을 살펴보자.

　일단 회계사를 보자. 실제로 영상을 만들어야 하거나 이사회의 간부와 소셜 미디어를 통해 실시간 Q&A를 해야 할 일은 별로 없다. 그러나 훌륭한 영상을 얼마나 쉽고 저렴하게 직접 만들 수 있는지를 알면 비양심적인 대행사의 바가지 행태를 중지시킬 수 있다. 비슷한 일을 하는 사람들끼리 소셜 미디어 그룹을 운영하면 업계 내에서 자신의 인지도를 올릴 수 있고 조언과 지지를 얻을 수 있는 끝없는 원천이 된다. 자신만의 회사를 염원하고 있다면 어떨까? 소셜 미디어를 통해 자신을 알릴 필요가 있고 사업을 홍보하거나 고객 질의에 응답할 수 있는 수단에 대해 알아야 한다. 세금 코드에 관해 변화가 있을 때 많은 사람들이 어떻게 적용할지에 대해 온라인에서 방법을 찾는다. 이때 자신의 설명이 들어간 영상을 그들이 찾아낼 수 있다면 멋진 일이지 않을까?

　HR전문가에게는 디지털 콘텐츠 기술이 무슨 쓸모가 있을까? 앞에서 설명했듯이 이 기술들은 지금 인기가 높다. 가장 자주 받는 질문들 중 하나는 "잘 만들어진 디지털 콘텐츠란 무엇입니까?"이다. 강력한 디지털 콘텐츠 기술을 가진 이를 구별해 낼 수 있다면 회사에 알맞은 인재를 선발할 수 있다. 어떤 자리에 디지털 콘텐츠 기술이 필요한지를 밝혀내고 또한 교육이나 인재 개발 프로그램에 적용해서 회사 내의 팀을 도울 수 있다. 아셰트 커리어스Hachette Careers는 트위터에 온라인 Q&A 페이지를 운영하면서 지원자들의 질문에 답변하고 흥미로운 영상물을 만든다.

어떤 업종의 리더, 매니저이든지 간에 효율적인 디지털 콘텐츠에 대한 이해는 반드시 필요하다. 8장에서 더 자세히 설명하겠다. 지금은 디지털 콘텐츠가 회사와 대중 그리고 다른 사업과의 '대화'라는 점을 이해하자. 현재나 미래의 고객과 회사를 연결시키는 것은 말, 영상 그리고 이미지다. 훌륭한 작품을 의뢰하는 법, 또는 제작하는 데 걸리는 기간, 비용을 아는 것이 습득해야 할 중요한 기술이다. 그리고 앞에서 말했듯이 디지털 기술은 지금 수요가 엄청나다. 리더로서 이런 재능을 가진 사람들을 구하는 것은 자신의 책임이다. 또한 자신의 디지털 전문성에 올바른 장비 그리고 지원을 마련해 자율적으로 발전시켜야 한다.

효과적인 디지털 콘텐츠는 일종의 모험과 같다. 구독자들에게 무엇이 잘 작용하는지 알아내기 위해 끊임없이 새로운 시도를 해야 한다. 자신의 회사가 위험 회피 성향이 있어 이전에는 소셜 미디어를 통해 비디오 생중계 같은 시도를 해 본 적이 없을 수 있다. 그러나 급변하는 세상에서 사람들은 자신이 원하는 모든 훌륭한 콘텐츠에 접근할 수 있다. 회사가 원하는 대상에게 무엇이 작용하고 무엇이 작용하지 않는지를 시험하는 것은 생존을 위해 필요불가결하다.

이런 창조적인 문화를 만들어 내는 일이 자신에게 주어질 수 있다. 다른 사람들에게 영향을 주는 것은 습득하기에 어려운 기술이다. 특히 자신보다 손윗사람을 설득하려 할 때는 더 그렇다. 디지털 부문이든 아니든 능력을 습득하고 성공을 보여 주는 것은 앞으로 만들어 나갈 커리어에 중요한 부분이다. 감사하게도 디지털 분석을 사용하면 하나의 콘텐츠가 어떤 효과를 잘 보여 주는지 냉정하고 명확한 숫자로 증명할 수 있다. 이는 자신의 구직 가능성에 어마어마한 도움이 된다. 최고의 지도자는 조직에 도전하고 올바른 방향으로 이끄는 사람을 원한다.

디지털 기술 격차를
좁혀라

영국의 과학기술위원회는 자국이 '디지털 기술 격차' 현상에 직면했다고 경고했다. 위원회에 따르면 1,260만 명의 성인이 기본적인 디지털 기술을 가지고 있지 않다House of Commons Science and Technology Committe, 'The Digital Skills Crisis', June 2016. 지난 10여 년에 걸쳐 스마트폰과 소셜 미디어 그리고 앱의 사용이 폭발적으로 늘어나면서 많은 이들이 뒤처지거나 이런 도구들이 자신의 삶을 어떻게 개선시킬지 깨닫지 못했다.

개인적인 경험에 비춰 보면 많은 사람(모든 연령대의)이 디지털 방식의 의사소통에 불편해한다. 냉소적인 저널리스트, 디지털을 어리석은 짓으로 폄하하는 정부 관료들이 수도 없이 많다. 디지털을 부정하려는 마음속 깊은 곳에 숨은 감정은 두려움이다. 그들은 소셜 미디어가 어떻게 작동하는지 이해하지 못한 채 구식이라는 소리를 들을까 봐 두려워한다. 이것이 이면에 숨어 있는 진실이다.

만약 자신이 관리자라면 디지털 세계에 미숙한 직원들이 많다는 점을 이해하고 이를 확인해서 적절한 교육을 실시해 효율적으로 기능하는 충성스러운 팀을 만들 수 있다.

소셜 미디어에 올라간 글이 얼마나 무섭게 빨리 퍼지는지에 대해 누구나 알고 있다. 소셜 미디어 네트워크의 힘은 정보를 순식간에 공유하게 한다. 자연히 이는 대중들의 비위를 심하게 거스르는 콘텐츠도 정말 순식간에 수백만 명에게 공유될 수 있다는 의미다.

이 업계에서 오랜 세월 일했지만 지금도 소셜 미디어에 포스트를 올릴 때마다 짧은 순간 두려움을 느낀다. 그러나 의도하지 않은 방식으로 포스트가 바이럴하게 퍼지는 것을 막기 위한 최선의 방어책은 대중에 대한 이해도를 높이고 콘텐츠 기술을 쌓는 것이다. 편집에 필요한 판단력을 빨리 개발해야 한다. 이 콘텐츠는 대중에게 적합한가? 잘못 이해될 여지는 없는가? 눈치 없는 타이밍은 아닌가? 이 주제에 관해서는 5장에서 상세히 다루겠다.

많은 사람이 디지털 콘텐츠가 TV 인터뷰나 라디오 광고 같은 전통적인 보도매체들에 비해서 중요도가 떨어진다고 착각한다. 더욱 치명적인 생각은 디지털 커뮤니케이션을 또 다른 IT 기술의 한 형태로 여기는 것이다. 나는 숱한 사람들에게 컴퓨터를 고쳐달라는 요청을 받았다. 이메일이나 워드프로세서를 사용하는 것을 위험한 괴짜 짓으로 보던 시절도 있었다. 이제는 이런 도구들을 사용하지 못하는 사람을 찾아보기 힘들다. 디지털 콘텐츠와 디지털 커뮤니케이션은 실제 출판이나 방송의 또 다른 형태로 보는 것이 마땅하다. 머지않아 나는 '디지털'이라는 말 자체가 사용되지 않는 날이 올 거라고 생각한다.

나는 일 년에 한두 번 군대 지도자들에게 디지털 커뮤니케이션의 세계와 미디어의 미래에 대해 강연한다. 생사가 달린 결정을 내리고 병사들을 전장으로 이끌며 수천 명의 안전을 책임지는 사람들로 강연장이 가득 찬다. 그럼에도 불구하고 그들 중 몇몇은 디지털과 소셜 미디어 때문에 불편할 때가 많다고 내게 조용히 다가와 고백한다. 많은 사람이 비슷한 처지라는 것을 이해하는 것이 중요하다.

디지털 콘텐츠 기술을 사용할 수 있는 일자리를 찾고 있다면 디지털에 대해 냉소적이고 신경질을 부리는 사람들을 어렵지 않게 만날 것이다. 조직을 디지털 문화로 바꾸려 시도하고 있다면 성공할 수 있는 유일한 길은 시간을 두고 기본적인 기술을 공유하고 냉소적인 분위기를 극복하는 길뿐이다. 타인들이 무시하거나 폄하하는 것이 분명해 보일 때 이에 대처하기는 쉽지 않다. 그러나 다른 모든 일과 마찬가지로 인내만이 성공할 수 있는 길이다.

많은 사람이 조직 문화를 바꾸고 싶어 한다. 디지털 커뮤니케이션과 관련한 일을 할 때는 더욱 그러하다. 기업 문화를 바꾸는 일은 간단치 않다. 이 책에서 주로 다룰 내용은 아니지만 조직의 디지털 숙련도를 올릴 수 있는 몇 가지 실행 가능한 방법을 소개하겠다. 사업을 운영하고 있다면 분명 효과가 있을 것이다. 사업을 키우는 과정에도 명심해야 할 부분이다.

디지털 담당자를 찾아라

새로운 일을 맡거나 새로운 회사에 들어갔다면 누가 디지털 콘텐츠에 재능이 있는지, 혹은 발전가능성이 있는지를 재빨리 파악해라. 어쩌면 소셜 미디어에 콘텐츠를 올릴 기회가 없었던 재능 있는 영상물 제작자일 수도 있다. 일을 떠나 디지털 세계에 푹 빠져 사는 재무 팀의 누군가일 수도 있다. 아니면 글 솜씨가 뛰어난 직원일 수도 있다. 폭넓은 디지털 콘텐츠 기술과 이해를 조직 내에 구축하고 싶다면 이런 사람들이 소중한 자산이다. 자신이 클라크 게이블(《어느 날 밤에 생긴 일》로 아카데미 남우주연상을 받은 미국의 영화배우–옮긴이) 같은 카리스마를 보여 줄 수도 있지만 모든 문제를 해결할 수는 없다. 이런 사람들을 찾아내고 임시 팀을 만들어라. 그리고 조직 내의 모든 사람이 잘 만들어진 디지털 콘텐츠를 이해하는 방법을 찾아라. 이제 조직 구성원들이 각자 스마트폰을 든 잠재적 프로듀서가 되면 그들 모두가 회사의 업무에 대해 큰 기회나 스토리를 스스로 개발하고 만들어 낼 수 있다.

또한 회사 내부에서 일어나는 일들을 '보고'할 수 있는 디지털 지원 팀을 만들 수 있다. 이렇게 하면 직원들의 숙련 정도와 배움을 통해 팀들이 어느 정도 달라졌는지를 점검할 수 있다. 그리고 누가 냉소주의자인지, 디지털 문화의 확산을 막고 있는지를 파악할 수 있다.

정기적으로 디지털 이벤트를 열어라

사이키 조명을 비추고 댄스 음악을 틀라는 건 아니니 걱정하지 마라. 앞서 말했듯이 많이 사람이 자신만의 콘텐츠를 만들어 올리는 것에 아직 낯설다. 모든 직원이 디지털 콘텐츠를 배우고 실험할 수 있는 조직 분위기를 만드는 것이 기본이다. 자연스럽게 직원들은 디지털 콘텐츠가 회사 발전에 어떻게 기여하는지 알게 된다. 어떤 콘텐츠가 효과적이고 그렇지 않은지에 대해 이야기를 나누면서 모든 사람이 잘 만들어진 디지털 콘텐츠에 대한 안목이 생긴다. 또 동료들은 서로 간에 자신만의 비법을 나눌 수도 있다. 때때로 나는 모든 사람이 동참하기를 바라며 피자를 쏘겠다고 약속하기도 했다. 이는 항상 효과가 있었다.

이는 조직 내에 자신의 인지도를 올려 준다. 그리고 솔선수범하는 모습을 보여 줄 수 있다. 많은 사람이 디지털의 도움을 원한다. 그리고 누가 알겠는가. 이 일이 같이 일하자는 권유로 이어질지.

"사상적 선구자"라는 말은 내가 싫어하는 비즈니스 업계의 은어 중 하나다. 그러나 자신을 디지털 콘텐츠에 대한 전문지식을 나눌 수 있는 사람으로서 위상을 세우는 것은 자신의 앞날을 밝게 하는 또 다른 방법이다. 이는 인적 네트워크를 구축하는 기회를 열어 주고 다른 조직이나 회사에서도 자신의 인지도를 올라가게 한다.

성공을 나눠라

디지털 커뮤니케이션의 강력한 장점 중 하나가 원천적으로 모든 것이 측정 가능하다는 것이다. 만약 신문에 광고를 게재한다면 얼마나 효과가 있는지 알기 어렵다. 물론 발행부수나 특별 가격조건을 부여하여 어느 고객이 신문 광고를 보고 오는지 파악하는 방법이 있다. 그러나 무엇보다도 이는 그 외의 것들은 측정하기가 매우 곤란하다. 디지털 세계에서는 콘텐츠 하나가 몇 번 조회되었는지를 측정할 수 있다. 누가, 얼마나 오랫동안, 어떤 도구로, 하루 중 언제 조회했는지까지 파악할 수 있다. 이는 우리가 알아낼 수 있는 데이터의 극히 일부에 불과하다. 가져올 수 있는 데이터는 무한대에 가깝다.

이런 데이터들은 디지털 콘텐츠뿐 아니라 원래 일의 성공 또한 증명한다. 얼마나 일을 잘하고 있는지 보여 주는 이런 실질적인 정보를 보유하는 행운아는 소수에 불과하다. 만약 더 효율적인 디지털 콘텐츠를 만들기 시작했고 이를 회사가 만들어 놓은 웹 사이트에 올렸다면 환호성을 질러라. 자연스럽게 이는 양날의 검이 된다. 실패 또한 측정 가능해지기 때문이다. 그렇더라도 안심해라. 디지털 콘텐츠의 전략은 무엇이 효과적이고 그렇지 않은지를 밝혀내는 데 있다.

누구나 자신이 하는 일이 얼마나 힘든지 누군가 알아봐 주고 보상해 주기를 바란다. 그러니 성공을 나누기 위해 데이터를 사용해라. 주별로 10위까지의 콘텐츠(그리고 누가 이를 만들었는지)를 보여 주는 전 직원 대상 이메일 정도면 될 것이다. 무엇이 효과적이고 그렇지 않았는지를 논의하는 정기적 회의를 열어라. 회사의 최고 디지털 콘텐츠 제작자에게 트로피를 수여해도 좋다. 만약 사업을 운영하는 자신이 최고라면 많은 트로피를 받을 준비를 해라. 성공을 나누면서 회사 내의 디지털에 대한 냉소주의자들을 긍정적으로 바꾸는 문화를 만들 수 있다.

디지털 기술의 격차는 배우려는 사람에게는 희소식이나 고용주에게는 악몽이다. 딜로이트^{Deloitte}(기업의 회계 감사, 세무, 컨설팅, 금융 자문, 리스크 분석, 법률 업무를 대행하는 영국의 다국적 컨설팅 그룹-옮긴이)는 2015년 '디지털의 부상' 보고서에서 '조직의 인력과 기술 숙련도를 바꾸는 일이 관리자에게 가장 어려운 과제이고 특히 문화를 바꾸는 것이 어렵다'고 기술했다.

모든 조직은 디지털에 능숙한 직원이 필요하고 재능 있는 기존 직원의 이탈도 막아야 한다. 아마도 이는 디지털 기술을 배움으로써 원하는 직업을 구할 수 있는 가능성을 높이는 가장 명확한 하나의 신호다.

디지털 기술을 익히면
좋은 이유

지난 수십 년간 미디어 업계에서는 가장 간단한 촬영에도 전담 기자, 프로듀서, 촬영기사, 음향기사, 그리고 보조 프로듀서까지 투입하는 것이 표준이었다. 그렇게 촬영한 원본 필름은 크고 어두운 전용 편집실에 앉아 있는 영상 편집자에게 보내졌다. 이런 과정이 필요한 이유 중 하나는 촬영, 편집, 음향 녹음을 위한 장비들이 고가였기 때문이다. 또한 조작하기가 어려워 많은 경험이 필요했다. 이는 조직 대부분이 자체적으로 콘텐츠를 만들 생각을 하지 못했던 이유이기도 하다. 그저 외주 제작사에게 많은 비용을 들여 맡겨야 했다.

조직들은 대개 콘텐츠를 배포할 수 있는 자체 네트워크 또한 없었다. 자체 TV 채널을 가지고 있는 정부 부처나 자선단체를 상상할 수 있는가? 조직들은 자신을 표현할 수단이나 지식이 없을 뿐만 아니라 이를 배포하기 위해서는 비용을 지불해야 했다.

디지털 미디어의 출현은 두 가지 중요한 방식으로 커뮤니케이션의 민주화를 이뤄 냈다.

- 저렴한 비용, 더욱 편리해진 장비로 누구나 콘텐츠를 제작할 수 있다.
- 소셜 미디어와 웹 사이트는 콘텐츠를 위한 무료 배포 네트워크 역할을 한다.

"어떻게 아마추어가 찍은 영상을 제대로 된 장비로 찍은 우리 것과 비교할 수 있는 거지?"라며 투덜대는 전문 촬영기사들이 있을 것이다. 전문 촬영기사들은 매우 수준 높은 결과물을 만들 수 있고 그들만의 영역은 항상 존재하겠지만 이제는 그들만이 영상물을 제작할 수 있던 시대는 지났다.

일단 카메라가 충분히 저렴해지고 랩톱 컴퓨터의 성능이 강력해지자 사람들이 직접 콘텐츠를 촬영, 편집하고 그래픽 디자인까지 하는 것이 새로운 표준이 됐다. 내가 처음 사회에 첫 발을 내딛었을 때 영상물 제작과 편집은 내 전공이었다. 그러나 곧 깨달았다. 고용주들은 영상 촬영뿐만 아니라 기본적인 그래픽 디자인까지 할 수 있는 사람을 원한다는 사실을.

여러 가지 기술을 겸비한 직원을 고용하면 회사는 인건비와 장비에 투자하는 비용을 줄일 수 있다. 이는 여러 가지 기술을 가진 인재 유치에 대한 경쟁이 치열해진다는 의미다. 더욱 긍정적인 측면은 비용이 내려가면서 이제 더욱 소규모 조직까지 콘텐츠 제작자를 고용할 것이란 점이다.

일부 사람들의 '이것은 내 일이야, 내 기술은 앞으로도 언제나 쓸모가 있어'라는 생각은 아무런 도움이 안 되고 방해만 된다. 세월이 흐르면서 모든 것은 바뀐다. 특히 빠르게 변화하는 디지털 세계는 더 그렇다. 유연하고 기민하게 생각하는 것은 디지털 세계의 모든 측면에서 필수다. 주변 상황은 변화된 환경에 맞추어 빠르게 바뀌어 나간다. 그리고 그런 변화를 받아들이면 성공의 발판을 마련할 수 있다. 즐겨하던 뭔가가 사라져 버리고 해야 할 역할이 바뀌면 힘이 들게 마련이다. 그렇다고 편안한 자리에만 머물러 있을 수는 없다(아무리 유혹적이더라도).

여러 기술을 익히면 이직의 기회가 많아지는 것에 그치지 않는다. 지속적으로 기술을 개발하면서 현재 몸담고 있는 조직에서도 고용 안정을 보장받는다. 정리해고는 언제나 두렵다. 그러나 슬프게도 대부분의 사람이 경력의 어느 시점이 되면 해고되는 경험을 한다. 대개 첫 번째 대상자는 더 이상 조직에 필요하지 않은 고임금을 받는 매우 전문적 기술 인력이다. 새로운 기술을 배우려는 열정을 가지고 다양한 기술을 익히면 해고될 위험을 줄일 수 있다. 성공을 위한 계획도 항상 필요하지만 일이 악화될 위험을 줄이는 것도 중요하다.

도대체 어떤 기술을 익혀야 할지 어떻게 알 수 있을까? 자신이 그래픽 디자이너라고 가정하자. 영상 촬영과 사진에 대해 배우는가? 애니메이션과 편집도? 소셜 네트워크에서 요구되는 것들이 무엇인지를 지속적으로 살펴보는 것도 하나의 방법이다. 내가 페이스북에 처음 페이지를 열었을 때 네트워크는 사용자들이 간단하고 강한 이미지를 올릴 것을 권장하고 있었다. 즉시 나는 사진 기술 공부를 다시 시작하고 약간의 쉬운 그래픽 디자인 테크닉을 배웠다. 그러자 페이스북은 영상을 직접 호스팅(기업의 대용량 메모리 공간 일부를 이용하여 사용자의 홈페이지나 웹 서버 기능을 대행하는 서비스-옮긴이)한다고 발표했다. 그리고 이를 사람들의 뉴스피드(사용자에게 자주 업데이트되는 콘텐츠를 제공하는 데 쓰이는 데이터 포맷-옮긴이)에 노출시켰다. 영상으로 빠르게 180도 전환시키는 능력은 값어치 높게 쓰였다. 2016년에 페이스북 설립자인 마크 주커버그는 실시간 스트리밍 서비스를 시작했고 기업만이 아니라 모든 사람이 이를 사용하게 했다. 생중계 영상은 중요한 차이를 만들었다. 다시 한 번 나는 어떤 기술이 내 팀과 내게 필요한지 살펴봤다.

무슨 기술을 개발할 것인지 계획할 때 고려해야 할 요소는 소속된 조직이 가진 강점 분야와 무엇을 필요로 하는지 두 가지다.

은행에서 일한다고 해보자. 고객들에게 은행계좌에 대한 보안상 최신 필요사항을 알려주는 일을 맡고 있다. 이는 마케팅과 달리 중요한 사실을 담은 정보다. 이를 어떻게 명확하고 재미있게 알릴 것인가?

이 정보를 공유하기 위해 사진이나 영상을 찍을 수 있다. 그러나 은행이라는 공간은 지루한 풍경들뿐이고 사무실에서 이를 찍어야 한다. 전혀 보기에 좋은 그림이 아니다. 그런데 사람들이 따라야 할 정말 명확하고 간단한 가이드라인을 알려야 한다. 그래서 이 보안사항들을 시각적인 영상 대신 책상 위에서 쉽게 작업할 수 있도록 애니메이션을 배우기로 결정한다.

고급 자동차 회사와 비교를 해보자. 회사가 만드는 차량은 외관이 화려하고 소리 또한 웅장하다. 그리고 쉽게 이를 이용할 수 있다. 사진은 중요하게 쓰일 수 있지만 차의 움직임과 소리를 담을 수는 없다. 애니메이션은 회사 브랜드의 장점을 낭비한다. 멋진 차를 과시할 수 없다. 많은 사람과 조직들이 종종 저지르는 실수는 모든 것을 한꺼번에 해결하려 든다는 점이다. 조직이든 개인이든 시각적으로 멋진 이미지를 만들어 내기 위해 총력을 쏟고 있다면 실제로 필요해지기 전까지는 글쓰기나 스토리텔링 기술을 연마한답시고 시간을 소비하지 마라. 시간과 에너지, 자원은 한정되어 있다. 부디 현명하게 사용해라.

비즈니스 관련 책에서 재미를 이야기하는 것은 이상하지만 내게는 여러 기술을 배우는 데 있어 가장 좋은 점이 바로 재미다. 새로운 기술을 배워 창의적으로 사고하고 콘텐츠를 만들 수 있는 새로운 방법을 시도하는 것은 언제나 믿을 수 없을 정도로 재밌다. 새로운 것을 배우는 데는 시간이 걸린다. 자신의 역할이나 편안한 곳에서 벗어나야 할 수도 있다. 하지만 새로운 것들을 발견하는 기쁨과 그로부터 솟아나는 기회들은 굉장하다. 일련의 디지털 기술을 배움으로써 구직 기회가 넓어질 뿐만 아니라 그 과정에서 많은 재미도 누릴 수 있다는 사실을 다음의 case study 사례를 통해 알 수 있기를 바란다.

번스터의 핫소스

나는 호주 TV 프로듀서인 레네와 영상 뉴스를 수없이 만들며 몇 년간 함께 일했다. 어느 날 그녀가 사무실로 들어오더니 자신만의 핫소스를 만들겠다고 선언했다. 그 이후 그녀는 퍼스에 위치한 자신의 회사 번스터스 프레시를 설립했고 환상적인 성공을 이뤄 냈다. 그녀의 핫소스 영상은 전국 TV에 방영됐다. 그녀의 핫소스는 소셜 미디어에서 바이럴하게 퍼졌고 (부분적으로는 여기에 쓸 수 없을 정도로 상스러운 소스 이름 덕분으로) 사업을 성공으로 이끌었다.

핫소스 시장은 경쟁이 심한 곳이다. 레네가 시작했을 때 투자자는 자신 혼자였고 경영 또한 스스로 혼자서 했다. 그녀는 즉시 소셜 미디어를 이용하여 상품을 알렸고 사업 확장을 위해 투자자를 모집하기 시작했다.

나는 멕시코에서 휴가를 보낸 후 핫소스에 사로잡혀 있었다. 집에 도착한 후 멕시코에서 맛본 핫소스를 떠올리며 한 솥 가득 핫소스를 만들었다. 맛이 의외로 훌륭했다. 소스가 너무 많아 친구들에게 나눠 주었다. 친구들도 핫소스가 맛있다며 더 달라고 졸랐다(심지어 돈까지 내겠다고 말했다). 나는 이것이 이른바 '사업'의 시작이라고 믿는다. 그때 이후 사업은 훨씬 전문적이고 진지해졌다. 내 사업은 부엌에서 혼자 35리터의 소스를 한 솥 가득 만들면서 시작됐다. 일단 내 소스의 사진이 바이럴하게 퍼지자 그 수요를 감당할 수 없었다. 공장에 맡겨 대량생산을 해야 했다. 며칠 만에 20톤의 소스를 만들어야 했다. 소스 병을 백여 개 단위로 만들다가 이제는 십만 개 단위로 만든다. 그리고

디지털 콘텐츠는
처음입니다만

더 이상 고추 삶을 때 나는 수증기를 들이마시지 않아도 된다.

내 핫소스 그림이 2014년 크리스마스에 처음으로 바이럴하게 퍼졌을 때 즉각적으로 판매도 급증했다. 언제나 그런 식으로 움직였다. 나는 아침에 눈을 뜨자마자 판매량을 살피는데 판매량을 기준으로 어디에서 한 장의 사진이 바이럴하게 퍼졌는지 실제로 알 수 있다. 아침에 일어나 미국 전역에 걸친 50개의 판매처를 살펴본다. 모두 호주 시간으로 새벽 1시 30분 이후에 문을 연다. 그리고 한 장의 사진이 미국 내 어디를 돌아다니고 있는지를 알 수 있다. 상당히 재밌다. 크리스마스에는 잘 만들어진 콘텐츠를 올리기만 하면 된다. 그리고 이를 홍보해서 바이럴하게 만들 수 있다. 모든 이가 선물을 구매하는 열기에 빠져 있기 때문이다.

우연히 그리고 농담 한마디와 함께 사업을 시작하면서 브랜드의 가치가 상승했다. 전반적으로 내 성격은 무신경하고 무례하며 종종 유치하다. 이런 성격을 브랜드에 고스란히 옮기는 것은 정말 쉬웠다. 나도 모르게 내 유치한 농담이 정말로 비슷하게 생각했던 많은 사람들에게 공감을 불러일으키며 널리 퍼져 나갔다. 그들은 무례한 농담을 즐기는(적절한) 브랜드를 아직 발견하지 못했던 것이다.

내게 다른 점이 한 가지가 있다면? 나는 시작한 직후부터 지금처럼 미친 듯이 질주하려 했다. 이것도 저것도 아닌 우유부단한 자세와 모든 사람을 대상으로 하려는 시도는 효과를 발휘할 수 없다. 고객을 특정하고 그들을 대상으로 이야기를 하고 팬덤을 만들어야 한다.

나는 TV에서 오랫동안 여러 가지 일을 해 본 업무 경험이 있다. 그래서 페이스북이 첨단의 영상 서비스를 시작했을 때 진정한 내 자리를 소셜 미디어에서 찾을 수 있었다.

비디오(그리고 TV)는 이야기를 전달하고 상품을 판매하던 전통적인 매체였다. 이제는 손 안의 스마트폰과 자신만의 광고를 편집할 수 있는 약간의 편집 기술로 직접 자신의 고객에게 이를 판매할 수 있다. 그러나 나는 변화 없이 지속적으로 사람들에게 판매할 수 있다고 믿지는 않는다. 그들은 변한다. 계속 웃기는(미숙한) 포스트들을 통해 내 구독자들을 유지하고 미래에 내 제품을 좋아해 주고 잠재적 구매자들을 찾는다.

예전 형식의 낡은 비디오는 모두 만들기 쉽다고 생각한다. 그러나 사람들이 정말 보기를 원하는 좋은 영상은 만들기가 어렵다. 자신이 얼마나 성공하고 싶은가에 달려 있다. 편집하는 법에 대한 약간의 강의 그리고 영상과 편집 기법이 좋은 비디오를 찾아볼 필요가 있다. 방법을 모르겠다면 약간의 강의 영상을 더 찾아서 배워라. 영상에 집중하기까지 걸리는 시간에 주의를 기울여라. 대부분의 사람들은 5초 이상 기다리지 않는다. 그래서 좋은 비디오를 만들기 위해서 배워야 할 것들이 많다. 온라인에는 많은 힌트와 조언들이 있다. 그렇지 않다면 내가 했던 것처럼 런던 TV 방송국에서 10년을 일하면 된다.

내 사업의 경우 소셜 미디어를 통해 고객을 찾고 고객으로부터 정보를 얻어 제품을 판매하는 방법을 찾아냈다. 이 방법을 통해 도매상과 소매상을 찾는 데도 도움을 받았다. 그들은 내 소스를 온라인 방식이 아니라 고객과 얼굴을 맞대고 팔고 있다.

그렇다면 소셜 미디어가 나를 위해 하지 못하는 일은 무엇인가? 이벤트나 축제에서 나와 친구들이 현장에서 보여 주는 브랜드의 에너지와 열정을 전달하지는 못한다. 누군가는 내가 소셜 미디어에 올린 최고 조회 수의 포스트 20개를 보고 또 이를 좋아하겠지만 재밌고 행복한 사람들을 직접 만나는 것과는 비교할 수 없다. 그들은 핫소스와 콘칩을 공짜로 제공하며 소스가 얼마나 맛있는지를 직접 설명한다. 사회적 관계를 맺지 않고 스마트폰만 들여다보는 현대인들에게는 그런 서비스를 받을 기회가 거의 없다. 그래서 사람들은 어떤 사내가 등장해 고춧가루를 먹고 폐를 들썩이며 기침을 하는 영상보다는 나와 얼굴을 맞대는 만남을 더 기억할 것이다.

채용하고 싶은
인재 되기

여러 가지 기술을 습득하면 장점이 많은 것은 알겠는데 어떻게 이런 기술들을 배울 수 있을까? 폭넓게 배우려면 훈련이 필요하다. 감사하게도 인터넷에는 열정적인 여러 커뮤니티가 있다. 거기에서 여러 유용한 기술 지침들을 배울 수 있다. 대개는 무료다.

기술을 배우는 효과적인 방법

강의를 듣기 위해 돈을 쓰는 대신 간단히 필요한 도구를 사고 스스로 사용법을 배울 수 있다. DSLR 카메라를 사서 사진과 영상 찍는 법을 배울 수 있다. 창작을 위한 일련의 도구 세트와 강력한 컴퓨터가 준비되면 디지털 콘텐츠를 만들기 위한 모든 준비가 끝난다. 이런 접근이 효과가 있을지는 얼마나 배우고 싶어 하는가에 달려 있다. 올바른 가이드가 없다면 잘못된 유형의 장비를 사는 데 많은 돈을 쓰거나 좌절하기 쉽다.

이 방법은 즉시 콘텐츠를 만들어 낼 수 있다는 것을 의미한다. 나는

디지털 콘텐츠는
처음입니다만

대학에서 카메라와 편집을 위한 컴퓨터 한 대를 빌려 비디오 편집과 촬영을 독학했다. 사용법을 알아내는 데 시간이 많이 걸렸다. 분명 적절한 수업을 받았다면 훨씬 빨리 배울 수 있었을 것이다. 반면에 돈을 조금도 쓰지 않고 콘텐츠를 지체 없이 만들어 냈다.

일부 조직은 정규직 전환을 위한 과정으로 제공하기도 한다. 많은 콘텐츠 공급자들은 업무 체험 프로그램이나 인턴십 제도를 운영한다. 여기에는 많은 장점과 단점이 존재한다.

실제 디지털 콘텐츠를 만드는 전문 기관에서 배울 수도 있다. 뉴스 회사, 디지털 잡지 혹은 크리에이티브 에이전시 같은 곳. 전문가들과 시간을 보내며 업계가 실제로 어떻게 돌아가는지 배울 수 있다. 단 기회를 얻기가 매우 힘들다는 단점이 있다. 정식 채용 절차를 통하는 대신 알음알음으로 이뤄지는 경우가 많기 때문이다. 정말 많은 조직들이 장시간 업무를 시키면서도 급여를 주지 않고 그들의 열정을 이용해 먹는다. 이 기회를 통해 조직으로부터 원하는 바를 분명히 하고 거기에 집중해라. 만약 보수를 주지 않는다면 투잡을 뛰어야 하는 가혹한 현실을 마주할 수 있다.

일하고 싶거나 많은 것을 배울 수 있다고 생각하는 조직에 다가서는 것은 종종 가치가 있다. 아마 스토커처럼 집착하며 쫓아다녀야 할 수도 있다. 그러나 이 방법을 통해 기회를 발견하는 사람들이 있다. 인정사정 두지 말고 수단과 방법을 가리지 마라. 모든 사람이 알고 있는 대단히 유명한 브랜드에서 자신의 행운을 시도해 보는 것은 유혹적이다. 그곳에서 경력을 쌓을 수 있다면 자신에게 의심할 바 없이 엄청난 기회가 된다. 그렇지만 이런 기회들은 흔치 않다. 어떤 조직이 자신에게 필요한 기술들을 가르쳐 줄 수 있는지 신중하게 생각하기 바란다.

전문 프로듀서와 30분을 보내는 것이 하루 종일 수업을 듣는 것보다 훨씬 소중하다. 그러니 가능한 한 기회가 있다면 모두 도전해라.

특정 소프트웨어 패키지, 예를 들어 그래픽 디자인이나 애니메이션 같은 것들을 배우고 싶다면 대부분의 회사들은 훌륭한 가이드북을 제공한다. 대개는 아주 저렴하며 이해하기 쉽게 되어 있다. 한정된 예산으로 체계적인 가이드를 원한다면 좋은 해결책이다.

무료로 사용할 수 있는 방법

내가 이런 말을 하면 교습 학원들은 무척이나 싫어하겠지만 수준 높은 강의들이 무료로 제공되고 있다. 이 책을 읽는다면 무엇을 더 배워야 할지 알 수 있다. 잘 배우고 있는지 점검이 필요할 때 이 책을 교본 삼아 되짚어라.

유튜브는 새로운 기술을 배우기에 최적의 장소다. 집들이를 위한 바비큐를 위해 나는 모든 사람에게 직접 풀드포크(돼지고기 어깨 살을 양념해 훈제한 뒤 잘게 찢어 나오는 요리-옮긴이)를 요리하겠다고 말했다. 비록 숯으로 바비큐를 구워본 적이 한 번도 없지만 말이다. 바비큐 만드는 법을 알아내려고 유튜브를 뒤졌다. 요리를 만들면서 나는 파티 성공을 확신했다. 콘텐츠를 제작할 때도 마찬가지다. 비디오를 만들거나 편집하고 그래픽 디자인을 위한 프리미어 사용법을 찾기 위해서도 유튜브가 최적의 장소다. 뒷부분에 콘텐츠를 제작하는 기법에 대해 소개할 것이다. 이를 영상에 적용하여 스스로 연습하면 더 많은 것을 빠르게 배울 수 있다.

어떤 주제든지 강의 영상을 만들어 도움을 주고자 하는 열정적인 사람들이 있다. 더 좋은 점은 그들은 언제나 누군가의 질문에 빠르게 답변한다. 이런 영상들은 일반적으로 매우 수준이 높고 콘텐츠 제작의 기본에 대해 고급 개념까지 담고 있다. 비디오카메라를 세팅하는 법이나 특수효과를 영상에 입히는 법을 알고 싶은가? 이를 위한 영상 강의를 찾아보라.

플레이리스트는 유튜브에서 정말 도움 되는 메뉴다. 자신만의 강의 플레이리스트를 만들고 이를 통해 적당한 속도로 배울 수 있다. 사람들은 자신의 플레이리스트를 공유해 다른 사람들이 디지털을 배우는 데 도움을 주기도 한다.

그렇다고 내가 유튜브를 홍보하려는 것은 아니다. 배우고 싶은 주제에 관한 수많은 소셜 미디어그룹과 웹 가이드, 모임들이 유튜브에서 활동하고 있다. 그곳에는 도움을 주고자 하는 전문가들로 가득하다. 그러니 도움을 청하는 데 주저하지 마라.

유튜브를 통해 배우는 데는 약간의 단점이 있다. 많은 고용주들이 이런 배움의 방식을 적절하다고 생각하지 않는다. 많은 강의들이 결코 수준이 낮지 않고 배움에 대한 열의도 만만치 않지만 고용주들은 여기에 가점을 주지 않는다. 이럴 때 좋은 방법은 만들어 놓은 콘텐츠에 관한 포트폴리오를 제출하는 것이다. 어떻게 배웠는지와 관계없이 자신의 기술을 보여 줄 수 있다.

그리고 실전 경험보다 소중한 것은 없다. 장비와 소프트웨어를 가지고 자신만의 방법을 찾거나 전문가를 통해 경험을 쌓아라. 앞서 언급했듯이 많은 곳에서 업무 경험이나 소속 전문가와 경쟁할 기회를 제공하고 있다.

구글이나 페이스북과 같은 많은 거대 디지털 회사들은 각자만의 온라인 교습 코스를 제공한다. 이런 코스들은 포괄적인 내용을 포함하며 고용주들이 인정해 준다. 단점이라면, 별로 놀랄 일은 아니지만, 자신들의 플랫폼만을 이용하도록 디자인되어 있다는 점이다. 그래서 페이스북의 광고 관련 교육은 내용은 매우 훌륭하지만 오로지 페이스북 광고 툴을 사용하는 법만 가르친다. 하나의 플랫폼만 사용하도록 교육받지 않았다는 점을 증명하기 위해서는 다른 종류의 온라인 코스도 함께 배워야 한다.

디지털 콘텐츠는
처음입니다만

나만의 포트폴리오를
만들다

위의 방법들을 이용하여 자신의 학습 계획을 세우고 원하는 기술을 배우기 위해 시간을 쏟을 수 있다. 그러면 이제 어떻게 미래의 고용주에게 이 기술들을 증명해 보일 것인가?

디지털 콘텐츠는 결과물을 실제 볼 수 있고, 그래서 이를 과시할 수 있다는 장점이 있다. 자신의 기술 모두를 보여 줄 수 있는 콘텐츠 포트폴리오를 전문가 수준으로 만드는 것이 중요하다. 선택할 수 있는 여러 가지 쉬운 방법들이 있다.

비디오 쇼릴

일단 어떤 영상물을 제작했다면 이를 하나의 쇼릴^{show reel}(누군가에게 제시할 목적으로 제작한 소개용 영상물-옮긴이)로 묶는 것도 좋은 생각이다. 이를 무료로 영상 공유 웹 사이트에 올릴 수 있다. 이를 통해 자신의 기술을 쉽게 과시할 수 있다. 간결하게 만들고 세부 사항을 추가하고 싶다면 그래픽을 이용해 보라. 흔히 그래픽을 이용한다고 하면 제작물의 제목을 붙이는 정도를 떠올리지만 어떻게 제작물을 만들게 되었는지에 대한 정보나 사실을 담을 수도 있다.

온라인 포트폴리오

디자이너나 일러스트레이터가 자신들의 작품을 자랑할 수 있도록 앞서가는 웹 사이트 상당수가 시스템을 구축했다. 비핸스^{Behance}(어도비 크리에이티브 클라우드로, 제작한 작품 등을 전시하고 검색할 수 있는 무료 온라인 웹 사이트-옮긴이)는 좋은 예다. 만약 사진작가라면 플리커^{Flicker}(온라인 사진 관리 및 공유 응용 웹 사이트-옮긴이)를 이용할 수 있다. 이곳에는 활동 중인 커뮤니티가 여럿 존재한다.

대화형 페이지

온라인 이력서를 올릴 수 있도록 디자인된 웹 사이트가 인기를 끌고 있다. 자랑하고 싶은 다양한 것들이 있다면 어바웃닷미^{about.me}(프로필 명함 웹호스팅 서비스를 무료로 제공하는 웹 사이트-옮긴이) 같은 웹 사이트를 이용해라. 모든 자신의 포트폴리오를 연결해 잠재적인 고용주나 고객들이 한곳에서 그들에게 필요한 정보를 찾아볼 수 있다.

이번 장에서 많은 소재를 다루었지만 중요한 주제는 두 가지다. 어떤 디지털 콘텐츠 기술을 배워야 하는지 찾아내는 것, 그 기술들을 공유하거나 배울 수 있는 최선의 방법을 찾는 것이다. 디지털을 향한 열정이 있다면 쉽게 많은 것들을 시도해 볼 수 있다. 그런데 지금 하는 일이 마음에 들지 않아 디지털 콘텐츠 관련 일을 찾고 있다면 어떻게 최소한의 여유 시간을 최대한 효과적으로 사용할 것인가?

각 개인의 처지에 맞는 계획과 전략을 세우는 것이 중요하다. 특히 여러 가지 기술을 익히고 싶다면 더욱 그러하다. 이번 연습에서 더 배우고 싶은 기술에 바탕을 둔 학습 계획을 세워 보자.

디지털 콘텐츠의 한 분야, 예를 들어 영상 혹은 그래픽 디자인 하나만 배우겠다고 할 수도 있다. 만약 그런 경우를 위해 각 주제 밑에 전문가가 되기 위한 내용을 추가해 놓았다. 적절한 양의 지식을 축적하면 디지털 콘텐츠 영역에서 성공할 수 있다. 이 계획에 따라 구직 활동에 이용할 수 있는 포트폴리오에 사용할 콘텐츠를 만들 수 있다. 구직 시에 자신의 능력을 증명하고 여러 구직자들 중에서 자신을 돋보이게 할 수 있다.

기술 목록들 속에서 자신의 진로를 구상하고 무엇이 필요한지 찾아라. 배움의 방법을 선택하고 이루고자 하는 결과를 위해 준비를 해라. 간단한 연습이지만 집중해서 따라야 할 계획을 세우는 데 도움을 줄 것이다. 각 기술들을 어떻게 습득할 것인지에 대해 몇 가지 아이디어를 예시했다. 자신에게 맞는 방법을 선택해서 실행하라.

디지털 콘텐츠 학습 계획

기술	학습 방법	결과
비디오 촬영 편집 애니메이션 영상 생중계	• 카메라 장비를 대여 또는 구매하기. • 온라인 강의 영상 시청하기. • 전문 제작자와 대화하기.	짧은 영상을 만들어 온라인 커뮤니티에 올리고 피드백 받기.
이미지 제작 그래픽 디자인 사진 일러스트레이션	• 좋아하는 사진과 이미지를 분석하고 복제하기. • 사진가를 따라다니며 배워라. • 무료 시험판 디자인 • 소프트웨어를 사용해라. • 일일 전문가 코스를 시도해라.	사진과 어울릴 이야기를 만들거나 주제를 선택해 정보가 들어 있는 그래픽을 만들어라.
글쓰기 스토리텔링 쉬운 글쓰기 교정	• 작문 가이드를 읽어라. • 열정이 있는 분야에 관한 짧은 글을 써라. • 복잡한 주제에 대해 일반인에게 설명하는 글을 시도해라.	눈길을 끌 수 있는 제목을 가진 매력적인 글을 쓰고 이를 콘텐츠 공급자에게 보내라.
소셜 미디어 다른 네트워크 이해하기 마케팅 캠페인 계획하기 커뮤니티 구축하기 편집을 위한 판단 위기 커뮤니케이션	• 성공적인 브랜드 전략 연구하기. • 가상의 제품을 위한 광고 • 캠페인 만들기. • 위기 대응 계획 만들기.	자신의 취미나 관심이 있는 주제를 소재로 소셜 미디어 그룹 만들기.

PART 02

디지털 세상에 맞는 글쓰기는 따로 있다

_ 쉬운 글과 명확한 메시지는 필수다.

_ 상품의 이미지와 말투를 잘 생각한다.

_ 길이가 긴 글쓰기를 연습한다.

디지털 커뮤니케이션의 기술,
글쓰기

디지털에 대해 이야기할 때 사람들은 새로 나온 제품이나 인기 있는 소셜 네트워크에만 집중한다. 많은 사람이 디지털의 미래 개념에 대해 이야기한다. 예를 들면 이렇다. 다음에는 무엇이 오겠는가? 얼마나 많은 사람들이 특정 서비스를 이용하는가? 세상은 어떻게 바뀔 것인가? 하지만 정작 증강 현실과 실시간 커뮤니케이션의 세계에서 모든 디지털 커뮤니케이션에 필요한 기본 기술에 대해서는 간과한다. 그것은 바로 글쓰기다.

디지털 플랫폼이 인기를 끌기 시작했을 때 많은 이들이 짧고, 핵심적이고, 간결하고, 심지어 가벼운 정보가 주류를 이룰 것이라고 예상했다. 트위터의 140자 메시지는 큰 변화의 신호라 생각했다. 사람들은 점점 더 스마트폰과 소셜 미디어 피드에 짧은 글이 업데이트되기를 원할 것이다. 바쁜 세상에서 누가 스마트폰에서 전체 기사와 이야기를 원하겠는가.

콘텐츠 공급자들은 바쁘고 주의가 산만한 사람들을 끌어들이기 위해 새로운 포맷을 만들었다. 주로 버즈피드에서 사용되는 '리스티클〔목록이라는 뜻의 '리스트^{list}'와 기사라는 뜻의 '아티클^{article}'을 합쳐 만든 신조어로 특정 주제에 관한 정보를 순서대로 나열하는 방식의 기사-옮긴이〕'인데, 다양하게 활용되고 있다. 디지털 세상에서 쉽게 찾아볼 수 있다.

디지털 콘텐츠는
처음입니다만

- 당신에게 디지털 콘텐츠에 대해 이 책이 알려 줄 7가지
- 『칸피던트 디지털 콘텐츠』가 지금까지 쓰인 책 중에 가장 위대한 5가지
  이유
- 믿을 수 없는 디지털 콘텐츠의 비밀을 밝혀줄 놀라운 사진들

　이런 제목의 기사들은 사람들의 호기심을 건드려 화면을 터치하게 만든다. 더 많이 읽게 하려고 사진으로 가득 차 있다. 이런 종류의 헤드라인들을 소위 '낚시질clickbait(자극적인 제목으로 인터넷 유저들의 클릭을 유도하여 조회 수를 높이는 쓰레기 기사나 광고-옮긴이)'이라고 한다.

　익스플레이너 비디오는 특히 뉴스 회사들이 주로 사용하는 인기 있는 포맷이다. 사람들은 복잡한 뉴스의 스토리를 간단하게 설명해 주는 이 포맷에 종종 열광한다. 마케터들에게도 역시 유용한 기법이다. 고객들이 흔히 묻는 질문에 대해 미리 설명하여 첫 구매 시점의 효율화를 꾀할 수 있다.

　이런 일회성 형식의 짧은 글이 대중화되면서 예상치 못한 일이 벌어졌다. 디지털 세상에 긴 글의 필요성이 더욱 커진 것이다. 구독자들은 복합적인 정보성 기사와 이야기들을 읽고 싶어 한다. 2016년 퓨리서치센터pew research center(미국의 대표 여론조사 기관-옮긴이)가 펴낸 보고서에 따르면 사람들은 스마트폰을 이용해 짧은 기사 대비 두 배의 시간을 심층 기사를 읽는 데 쓰는 것으로 나타났다. 만약 긴 글에 흥미를 느끼지 못했다면 그냥 건너뛰었을 것이다.

　긴 글들이 올라오는 웹 사이트와 앱들이 늘어나고 있다. 예를 들면 아타비스트Atavist, 롱폼Longform, 롱리즈Longreads 등이 있다. 누구나 아름다운 작품을 쓸 수 있도록 새로운 글쓰기 도구들 또한 높은 인기를 끌고 있다.

미디엄^{Medium}이 현재 가장 유명하다. 우리는 두 종류의 글쓰기 형태가 유행하는 시대에 살고 있다.

- 사람들의 주의를 끌며 복잡한 내용을 간단히 설명할 수 있는 매우 짧고 압축된 형식의 글.
- 사람들이 읽고 토론하며 시간을 보낼 수 있는 심도 깊고 매력 있는 스토리텔링 형식의 글.

두 가지 글쓰기 스타일의 공통 핵심은 명확하고 눈을 뗄 수 없는 글이다. 하지만 각각은 서로 다른 기술을 요구한다. 이번 장을 통해 우리는 긴 글과 짧은 글 모두 어떻게 쓰는지 살펴보고 두 기술을 향상시킬 수 있는 방법에 대해 이야기할 것이다. 구체적 문법이나 특정 문체보다는 디지털 세상에 필요한 일반적인 조언에 해당한다. 글쓰기와 관련된 기본 문법이나 문체에 관해서는 훌륭한 책들이 많이 나와 있다.

자신이나 조직에서 사용하는 언어가 브랜드 이미지에 미치는 영향이 관련 영상에 비해 결코 작지 않다는 점을 명심해야 한다.

글쓰기 기술을 향상시키면 어떤 자리든 상관없이 자신의 경력에 도움이 된다. 장문의 글을 천재적으로 써 내는 작가가 될 수는 없을지 몰라도 복잡한 내용을 명확하고, 읽기 쉽게 풀어낼 수 있는 능력은 자신에게 강력한 장점으로 작용한다.

짧은 글을
매력적으로 쓰는 법

'인간, 달에 서다'

단 세 마디로 전체 이야기를 전해 명성을 얻은 신문 헤드라인이다.

스마트폰의 유행으로 대부분의 사람들은 무한대의 정보와 콘텐츠에 접근할 수 있다. 오늘날 눈길을 끄는 헤드라인을 만드는 능력은 타블로이드 헤드라인 편집자만큼 디지털 프로듀서에게도 필요불가결하다.

여러 회사들은 자사 제품이나 웹 사이트를 알리기 위해 소셜 미디어를 사용한다. 소셜 미디어를 사용하고 있다면 자신의 뉴스피드를 살펴보라. 어떤 포스트가 눈길을 끄는가? 어떤 형식의 글이 더 깊은 내용을 알고 싶게 만드는가? 차차 알아가겠지만 눈길을 잡아끄는 헤드라인과 재미있는 문장은 사람들의 관심을 끄는 중요한 도구다. 사람들은 종종 긴 시간 주목할 만한 내용을 찾을 수 없다고 불평한다. 만약 현대인들의 집중력이 부족하다는 것이 사실이라면 넷플릭스는 망할 것이다. 사람들이 빠른 시간 안에 여러 개의 TV 프로그램 에피소드를 돌려보는 데는 이유가 있다. 바로 그들이 선택할 수 있는 가장 높은 수준의 매력적인 이야기를 보고 싶어 하기 때문이다.

사람들이 소셜 미디어에서 빠르게 콘텐츠들을 넘기며 스쳐 지나가는 것 또한 사실이다. 기사나 글에서 세세한 정보까지 알려고 하지 않는다. 디지털 플랫폼에서 사람들과 대화할 때 종종 자신의 콘텐츠가 중요하다고 강조해야만 한다. 깊이 있는 새 리포트일 수도 있고 공들여 만든 영상일 수도 있다. 또는 도움을 주는 새 서비스일 수도 있다. 몇 마디 글로 구독자의 관심을 끌 수 있는 시간은 백만 분의 일 초에 불과할 수도 있다. 제작자들이 각 개별 단어에 강박관념을 갖는 것도 이상하지 않다. 명확하고 눈길을 끄는 방식으로 글을 써야 하는 이유가 여기에 있다.

명확하게 글을 쓰는 것이 얼마나 중요한가는 두말하면 잔소리다. 일단 구독자가 웹 사이트를 방문하면 기사든 보고서든 그들이 원하는 것을 바로 얻을 수 있도록 확실하게 보여 줘야 한다. 그럼에도 많은 웹 사이트에서 장황한 서문과 명확하지 않은 안내문을 늘어놓는다. 이를 보는 순간 유저들은 실망하지 않을 수 없다.

쌈박한 헤드라인 뽑기

글을 쓸 때 무엇보다 지켜야 할 덕목은 정확성과 투명성이다. 많은 회사들이 사람들을 유혹하거나 도발하기 위해 소셜 미디어를 이용한다. 명확하고 정확하면 결코 지루하지 않다. 그리고 흥미진진한 헤드라인이 필요하다. 중요한 이야기나 중대 발표를 하거나 신제품을 출시한다면 멋진 헤드라인으로 소리 높여 외쳐야 한다.

헤드라인을 잘 뽑는 법을 설명하는 정확한 레시피는 없지만 어떤 헤드라인을 뽑아야 하는지 목표는 분명하다.

- **이야기, 제품 또는 아이디어를 몇 마디 말로 축약해라.**
- **독자들이 뭔가를 더 알고 싶어 하도록 유인해라.**

여러 가지 방법으로 이 목표를 이룰 수 있다. 소셜 미디어 포스트들의 헤드라인을 떠올려보라. 최대한 명확하고 흥미로운 표현이 필요한 이유를 알 수 있다.

샌드위치를 먹다가 깨끗한 셔츠에 케첩을 잔뜩 흘렸다고 치자. 이에 착안하여 먹을 수 있는 *끈끈한 테이프*라는 독창적인 신제품을 개발했다. 이 테이프로 샌드위치를 포장했더니 더 이상 케첩이 새지 않았다. 셔츠에 흘릴 일도 없다. 분명히 저절로 이 테이프는 팔려 나가겠지? 슬프게도 그렇지 않다. 제품을 판촉하기 위해 눈길을 사로잡는 포스트를 써서 소셜 미디어에 올려야 한다. 효과적인 헤드라인을 찾기 전에 소셜 미디어에 게재된 나쁜 포스트의 예를 살펴보자.

먹을 수 있는 끈끈이 테이프는 음식을 선택할 때 소스가 흘러 묻지 않을까 하는 염려를 없애 주는 접착력 있는 포장재다. 모든 형태의 음료수와 음식을 안전하게 포장할 수 있다. 먹을 수 있는 끈끈이 테이프는 인터넷에 있는 홈쇼핑 사이트에서 구매할 수 있다. 이 테이프를 다양하게 활용할 수 있지만 제 기능을 확실하게 보장받으려면 사용법을 지켜야 한다. 관심이 있다면 지금 당장 구매하라.

이 포스트는 끔찍하다. 그 이유는?

1. 지나치게 길다. 사람의 눈은 뉴스피드의 영상 자료 속에서 두꺼운 문자의 장벽을 건너뛴다.
2. 복잡한 기술 용어로 가득 차 있다.
3. 먹을 수 있는 끈끈이 테이프를 매력적이고 흥미롭게 표현하지 못했다.
4. 더 많은 내용을 찾을 수 있는 쉬운 절차나 구매 행동으로 연결될 수 있는 명확한 동기부여가 보이지 않는다.
5. 끈끈이 테이프가 어디에 쓰일 수 있는지에 대한 설명이 형편없다.

타블로이드 헤드라인을 모방할 필요는 없다. 그러나 타블로이드에서처럼 축약의 원칙은 여기서도 유용하다. 물론 위의 모든 문제를 한 문장으로 해결하기는 힘들다. 그렇더라도 명확한 메시지를 몇 개의 단어에 집어넣을 수 있는지가 관건이다.

쓸 만한 몇 개의 헤드라인 유형을 살펴보자.

- **두운법:** 사람들 마음속에 글이 남아 있게 하는 데 효과 있는 기법
  - 먹을 수 있는 끈끈이 테이프(소스를 쏟기 전에 써야 하는 선수).
  - 데이트가 재앙으로 끝나면 안 되지.

- **호기심 끌기:** 모든 답을 주지 않고 독자들이 더 알아보고 싶도록 유인하기

– 미친 끈끈이 테이프로 셔츠를 안전하게 지켜내라.

– 부리토(토르티야에 콩과 고기 등을 넣어 만든 멕시코 요리–옮긴이)와 끈끈이 테이프
는 친해질 수 있을까?

– 한 사내가 소스가 질질 흐르는 버거 때문에 지쳐 가고 있었다. 그래서
그는 해결책을 발명했다.

• **숫자:** 독자의 눈길을 끌기 위해 숫자를 사용하는 것은 매우 일반적인
기법이다. 다음의 표현들이 실제로 제품을 언급하지 않으면서 어떻게
비밀스런 요소를 가미하는지 살펴보자.

– 한 번도 들어본 적 없는 5가지 테이블 매너.

– 자녀들에게서 저녁 식탁을 깨끗하게 지켜내는 4가지 방법.

– 버거를 옷 속에 숨기는 믿을 수 없는 3가지 방법.

• **고함치기:** 모든 표현 기법이 관심을 끌지 못할 때

– 제발 셔츠에 음식 좀 그만 흘리고 이제 이걸 사라!

위의 예들은 그저 제안일 뿐이다. 자신만의 고유한 스타일을 개발
하고 수준을 유지하는 것이 중요하다. 극단적인 방법을 쓰고 싶겠
지만 이는 '낚시'라고 알려져 있다. 이에 관해서는 뒷부분에서 다루겠
다. 앞으로 연습 사례에서 보게 되겠지만, 제품이나 복잡한 발표 내용
을 대중에게 알리기 위해 박력 있는 헤드라인을 뽑아 흥미를 끌고자
할 때 유용한 기법이다.

축약하기

많은 저널리스트나 커뮤니케이션 전문가들은 복잡한 주제를 최대한 간단하게 설명하는 훈련을 한다. 흔히 하는 연습 중에는 '내가 원시인이라고 상상하고 인터넷을 설명하라'와 같은 것이 있다. 이는 생각보다 훨씬 어렵다.

이 연습은 이미 알고 있다고 전제하는 지식들을 배제하기 위한 목적으로 만들어졌다. 대개 독자들이 알고 있다고 전제하고 이야기하기 쉽다. 자신에게는 명확하고 뚜렷해서 당연한 지식일지 몰라도 독자는 이를 알지 못한다고 가정하는 것이 안전하다.

원활한 의사소통을 위해서는 간단하고 명확한 설명이 기본이다. 이는 연습이 필요하다. 그리고 생각보다 훨씬 어려울 수 있다. 사람들은 가능하면 최대한 빨리 정보를 얻고 싶어 한다. 뭔가를 쓸 때마다 자문해 보자. 지금 최대한 간단하고 명확하게 쓰고 있는가?

모든 업계와 직업은 그들만의 언어와 전문용어가 있다. 일부 엔지니어들은 '복합 해양 환경'이라는 말이 의미하는 바를 바로 이해할 것이다. 그러나 다른 사람들에게는 아마도 그저 바다일 뿐이다.

직장 동료를 대상으로 하지 않는다면 이런 종류의 언어를 사용하는 실수를 저지르면 안 된다. 구독자들이 이해할 수 없고 메시지에 혼란을 준다. 전문용어 중에는 의미가 모호한 것들도 있다. 과거에 쓴 콘텐츠를 다시 뒤져보고 더 분명한 표현으로 바꿀 수 있는 단어가 무엇인지 살펴보는 것도 도움이 된다.

위대한 스승이란 종종 복잡한 개념을 가능한 한 가장 간단한 방법으로 설명하는 사람들이다. 디지털 세상을 위해 글을 쓸 때는 그들과 같아야 한다. 구독자들에게 가장 간단하게 말을 하는 방식으로 자연스럽게 써라. 자신의 관점에서 생각하는 것 역시 도움이 된다. 온라인에서 정보를 찾거나 뉴스피드를 살펴볼 때 콘텐츠들이 이해하기 쉽다고 생각했는가? 불분명하게 느꼈다면 이유는 무엇인가?

평이할수록 아름답다

친구들 중에는 꼭 문법 보안관이 한 명씩 있다. 어떤 타입인지 알 것이다. 마침표를 까먹은 글을 가리키며 깔깔거리거나 문법 사전을 꺼내며 따지려 든다. 아마도 자신이 그런 사람일 수도 있다.

철자나 문법이 틀리면 많은 주목을 받는다. 하지만 종종 평이한 글의 중요성은 까먹는다. 앞부분에서 쉬운 언어 사용이 필수라고 강조했지만 너무 많은 조직에서 현학적이고 복잡한 어휘를 사용하고 있다.

좀 더 나아가서 우리 주주들이 전문 영역 내에서 더 위대한 혁신을 추구하기 위해, 필요한 요구조건들을 보다 잘 이해하기 위해 행동학적 분석이 행해질 것이다.

아무도 이런 대화의 상대방이 되고 싶어 하지 않는다. 많은 전문가들이 현학적인 단어를 사용하면 자신이 더 전문적으로 보일 거라고 착각한다. 분명히 말하지만 사람들은 이렇게 말하거나 글을 쓰는 리더를 우러러 보지 않는다. 유명한 역사 속의 희곡, 기사, 강연 중 그어느 것도 복잡한 전문용어를 쓰지 않았다. 또 일부 사람들은 과장되고 자극적인 단어를 사용하면 자신이 더 똑똑하게 보일 거라고 생각한다. 실제로는 여기에 똑똑하다는 말을 사용할 여지가 전혀 없다.

회사 내 다른 구성원들에게 고객과 소통하기 위해 평이한 언어를 사용하라고 설득하는 일은 그리 쉽지 않다. 그들은 오히려 이런 말을 하는 사람이 회사 분위기를 파악하지 못했거나 용어를 정확하게 사용하지 못한다고 느낀다. 여기에는 일부 진실이 숨어 있다. 바로 이것이 언어가 완전히 규범적일 수 없는 이유이다.

평이한 글쓰기가 중요하긴 하지만 자신이 써 놓은 글에 자신이 없더라도 크게 걱정하지 마라. 분명히 모든 글은 확대 해석이 가능하고 상대방의 말을 오해하는 사람들 또한 언제나 존재한다. 그렇다. 자신이 분명하게 쓴다는 마음을 갖고 글을 되돌아보는 것이 중요하다. 하지만 써 놓은 모든 글에 대해 고뇌할 필요는 없다. 평상시 사람들이 말하는 투이고 말하고자 하는 바가 분명하면 이제 마무리를 하면 된다. 누군가는 이렇게 말한다. "말하는 것처럼 써라." 실제로 글쓰기를 해 보면 수많은 단어, 은어, 비속어, 습관 등이 뒤섞여 혼란을 준다. 그렇지만 여기에는 하나의 진실이 있다. 편안하고 자연스런 언어를 사용하면 할수록 자신의 글은 읽기가 더욱 편안해질 것이다.

웹 사이트를 위한 글쓰기

웹 사이트가 환상적인 이야기로 가득 차 있지 않다면 사람들은 모든 글을 끝까지 읽기보다는 대충 훑어볼 확률이 높다. 물론 콘텐츠를 쓰는 사람들은 이를 선호하지 않는다. 분명한 것은 구독자들은 원하는 정보를 찾기 위해 빠르게 훑어본다는 사실이다.

구독자들이 책을 읽듯이 왼쪽부터 오른쪽으로 순서대로 콘텐츠들을 읽지 않아서 문제는 더 복잡해진다. 실제 말하는 바를 고려해야 할 뿐만 아니라 어떻게 배열할지까지 고려해야 한다. 더욱 까다로운 문제는 구독자들이 웹 사이트를 커다란 화면의 데스크톱부터 작은 스마트폰까지 수많은 종류의 기기를 통해서 본다는 것이다.

다행히 많은 연구를 통해 사람들이 웹 사이트를 어떻게 읽는지를 밝혀냈다. 자신의 웹 사이트에서 사람들의 눈동자가 움직이는 방향을 실제 추적하는 연구를 의뢰할 수도 있다. 사용자 경험 디자인(UX) 분야 또한 드라마틱하게 성장했다. 그리고 많은 사람들이 이를 전공하여 직업으로 삼고 있다. 좋은 UX라는 의미는 자신의 웹 사이트가 어떤 종류의 기기로도 보기에 좋고 사용하기에 편리하다는 뜻이다.

웹 사이트를 위해 콘텐츠를 쓰거나 디자인을 한다면 반드시 따라야 할 몇 가지 단계가 있다.

- **말투나 글 형식에 관한 지침서를 만들어서 웹 사이트에 올리는 모든 콘텐츠에 사용되는 언어를 일관되게 하라.**

지침서는 원하는 대로 간략하거나 상세하게 만들 수 있다. 작은 소설책 크기일 수도, 한 페이지일 수도 있다. 어떤 단어는 사용할 수 있고 또 금지되는지, 어떤 은어나 잘못된 철자가 흔히 사용되는지, 그리고 구독자들의 댓글이나 질문에 어떻게 대응해야 할지를 포함해야 성공적이 지침서가 된다. 지침서는 많은 시간에 걸쳐 수정하고 보완

한다. 그래서 변화가 있을 때마다 정기적으로 업데이트한다.

• 예산이 허락한다면 반드시 프로젝트의 일부로 경험 있는 UX 디자이너를 포함시켜라.

UX 디자이너를 고용할 자금이 부족할 수도 있지만 그들은 매우 중요한 역할이어서 우선적으로 필요하다. 웹 사이트를 구독자들이 사용하기 편안하게 만들고 콘텐츠의 수준을 보장하는 편집자의 역할도 할 수 있다. 웹 사이트를 구축하는 데 많은 돈을 들이기 쉽지만 사이트가 잘 돌아가지 않는다면 이는 낭비일 뿐이다.

• 구독자들에게 효과가 있는 것과 그렇지 않은 것들을 구별하는 사용자 조사를 실시하라.

사이트를 위해 만들어 낸 콘텐츠가 제 역할을 하는지 어떻게 알 수 있을까? 사이트 상황이 분명하다고 잘못 예측하기가 쉽다. 일단 웹 사이트가 개설되면 일은 계속된다. 이후에 구독자들에 대한 조사를 하고 사이트를 개선하기 위해 무엇이 필요한지를 알아보는 것은 생존을 위해 필수다.

• 분석하라.

웹 사이트 중 어느 섹션이 가장 인기 있는지, 사이트에 들어오기 전에 사람들이 무엇을 검색하고 있었는지, 사이트를 어떤 기기를 통해 보고 있는지 등을 조사할 수 있는 여러 가지 도구들이 있다. 결과에 따라 개선점을 찾을 수 있고 디자인을 조정할 수 있다.

사이트에 올라온 새로운 이야기나 업데이트가 있다면 눈에 잘 띄는 곳에 배치한다. 사이트에 들어오는 사람이 재빨리 이를 찾아낼 수 있어야 한다.

눈길을 끄는 매력적인 이미지와 그래픽을 텍스트 사이에 배치한다. 이는 글이나 각 페이지를 돋보이게 하고 구독자의 관심을 끌 수 있다. 오디오를 포함시키는 것도 가능하다. 하지만 과하게 사용해서는 안 된다. 오디오는 텍스트와 결합하면 스토리텔링을 위한 강력한 무기가 된다. 시작과 멈춤 표시를 명확하게 한다. 쓸데없이 오디오가 자동 재생되지 않게 하고 정말 필요할 때만 오디오를 사용한다. 많은 뉴스 회사들이 디지털 플랫폼에서 특수 효과를 넣어 기사에 오디오를 결합하는 실험을 시행한다.

사이트의 시각 디자인 또한 텍스트 콘텐츠를 개선시킨다. 명확한 볼드체를 사용하면 사람들이 읽기에 편하다. 다양한 색상, 복잡한 폰트와 과한 디자인을 시도하고 싶어 하지만 이는 사이트를 사용하기 어렵게 만들고 전달하고 싶은 메시지를 희석시킨다.

구독자로부터 신뢰를 얻고 효과적으로 돕기 위해서는 웹 사이트 콘텐츠를 주의 깊게 계획해야 한다. 사이트의 콘텐츠를 개선시켜 나가는 것은 지속적인 과정이다. 분석을 계속하고 이를 자주 연구해라. 머리로 추정만 하지 말고 사용자 조사를 해서 사람들이 사이트를 실제 어떻게 사용하는지를 자주 살핀다.

긴 글을
잘 쓰는 법

앞서 이야기했듯이 길이가 긴 글이 디지털 플랫폼에서 전성기를 맞고 있다. 글을 잘 쓴다는 것은 쉽게 배울 수 있는 기술이 아니지만 의사소통에 매우 훌륭한 방법이다. 특히 어떤 값비싼 장비나 도구가 필요하지도 않다. 정말 강력한 이야기를 할 수 있다면 수백만 명이 잠재 구독자로 기다리고 있다.

길이가 긴 글의 특징들은:

- 천 단위의 단어 길이다(물론 만 단위 단어로 길어질 수 있다).
- 대개 논픽션이지만 반드시 기사체일 필요는 없다.
- 매우 수준 높은 글쓰기 솜씨를 기본으로 한다.
- 다른 미디어 플랫폼과 연결되어 있거나 양방향 대화형 사이트인 경우 가 많다.

많은 설명이 필요하거나 감동적이거나 그 자체로 위대한 이야기의 주제를 전달할 때는 긴 글을 고려한다. 긴 글 쓰기는 여전히 광고에도 쓰인다. 신제품을 출시하거나 어떤 영감을 받아 사업을 시작하게 되었는지를 왜 이야기하지 않는가?

그렇지만 긴 글을 쓸 때 위험도 있다.

- 수준 높은 글쓰기는 훈련을 통해야 이룰 수 있다.
- 짧고 간결한 글쓰기에 비해 알맹이 없는 장황한 글이 되기 쉽다.
- 주제가 독자들의 관심을 붙들어 둘 수 있을 만큼 흥미가 있어야 한다.
- 글을 올리는 웹 사이트나 플랫폼이 깨끗하고 정돈된 디자인으로 사용자들의 주의를 분산시키지 않아야 한다.

어떤 캠페인이나 이야기를 올릴 때 먼저 긴 글이 적당한지 결정해라. 아직 잘 모르겠다면 다음에 예시한 case study를 살펴보고 길이가 긴 글쓰기에 대한 감을 잡아라. 아마도 잘 만들기가 가장 어려운 디지털 콘텐츠 형태일 것이다. 하지만 글쓰기 기술을 연마하는 데 장애물은 아무것도 없다.

크록스타 CEO
크리스틴 코손

크리스틴은 특히 글로 이뤄진 디지털 콘텐츠 전문 회사, 크록스타를 경영한다. 그녀는 저널리즘으로 커리어를 시작한 이후 디지털 플랫폼을 위한 글쓰기 관련 사업을 시작했다.

내가 다섯 살 때 '개구리와 두꺼비가 소풍을 갔어요'라는 이야기를 썼다. 글을 읽은 내 가족들은 즉시 흥분했고 나는 앞으로 작가가 되겠다고 선포했다.

나는 대학에서 저널리즘을 공부했다. 글을 곧잘 썼고 기자가 된다는 것은 무척 영광스러운 일이라 생각했기 때문이다. 비록 기자가 되지는 못했지만 내가 얼마나 글쓰기를 사랑하는지 깨달을 수 있었다.

대학을 졸업한 후 첫 직업은 학생 신문을 관리하는 일이었다. 긴 업무 시간과 빠듯한 예산 그리고 위법 사항은 없는지를 살펴보느라 힘들었다. 1년 후에 나는 업무 처리를 더 잘하기 위해서 보다 초보적인 일을 배워야 한다는 것을 알았다. 야후에 인턴십 제도가 있었다. 그 당시 일하기에 가장 멋진 새로운 회사였다. 보조 콘텐츠 프로듀서 자리에 도전했고 거기서 홈페이지 첫머리에 게재되는 뉴스와 콘텐츠를 만드는 일을 했다. 브리트니 영상과 아이팟의 시대였고 모든 이에게 보여 줄 수 있는 진짜 뭔가가 있었다.

나는 유저들이 무엇을 클릭하는지에 대해 집착했다. 자신이 쓴 글을 얼마나 많은 사람들이 찾아보고 클릭하는지 알 수 있다는 점은 믿을 수 없을 만큼 나를 흥분시켰다. 나는 헤드라인과 티저(호기심이나 궁금증을 유발시켜 실제 내용으로 유인하는 콘텐츠-옮긴이)를 만들며 말투, 설득하는 법, 짧은 카피 등에 대해 많은 것을 배웠다.

그 이후, BBC에서 몇 년간 온라인 저널리스트로 일했다. 한번은 아드리안 칠레(영국의 유명 방송 진행자-옮긴이)에게 설레는 마음으로 인사를 할 기회도 있었다. 여기에서 나는 스토리텔링과 재밌고 특색 있는 다른 많은 디지털 콘텐츠와 경쟁하는 문제를 함께 맡았다. 분명하게 나는 내 콘텐츠가 항상 최고 조회 수를 기록하기를 원했다. 디지털 세계를 위한 글쓰기는 다르다. 온라인에 머물 때는 특정 심리 상태에 있기 때문이다. 뭔가에 대한 해답을 찾으려는 동기가 있다. 검색을 위해 질문을 던지면서 스스로 답을 찾으려 한다.

무엇이 필요한지, 무엇을 원하는지, 무엇을 해야 하는지 안다.

이 생각이 너무 강력해서 읽기에 관한 관점을 모두 바꿔 놓았다. 또한 콘텐츠를 쓰는 방법 또한 바뀌어야 한다. 이미 독자가 알고 있는 것들에 대해 생각해 보라. 얼마나 많은 내용들이 군더더기로 느껴질 것인가.

사람들은 무엇보다 온라인에서 짧은 글을 원한다. 읽는 데 시간을 허비하기를 원하지 않는다. 그저 바로 흡수해서 뭔가를 이해하기를 원할 뿐이다.

웹 사이트에서 사람들이 무엇을 하는지에 대해 배울 수 있다면 그들에 대한 이해를 더 잘할 수 있는 시작점이 된다. 전체 시간을 고양이 비디오를 보는 데 쓰고 있다고 해도 이 행위를 통해 그들이 온라인에서 무엇을 하는지 알 수 있다. 그 사람의 온라인 여행을 살펴보고 각 단계마다 무엇을 찾고 있었는지 생각해 볼 수 있다. 이를 통해 정보를 어떻게 나누어 어디에 배치할지에 대해 도움을 받을 수 있다.

디지털 콘텐츠는 항상 특정 디자인으로 저장된다. 그리고 이는 일할 때 감수해야 하는 제약 사항이다. 완성된 콘텐츠는 온라인에 게재되어 끊임없이 클릭되고 복사되며 붙이기 된다. 그리고 옮겨지고 감춰진다. 인쇄물보다 훨씬 능동적으로 소비된다.

디지털 작가가 되기 위해서는 언어를 쓰는 기술에 자신이 있어야 한다. 복잡한 아이디어를 추출해서 각 부분으로 나눌 수 있어야 하고 간단한 언어로 그 아이디어들을 설명할 수 있어야 한다.

영어를 사용한다면 꼭 모국어이어야 할 필요는 없으나 명확히 이해시킬 능력이 필요하다. 그리고 될수록 목표 구독자가 사용하는 언어를 사용해서 익숙하고 친숙하게 만들어야 한다.

연구 결과는 구독자의 독해 능력이 뛰어나든 낮든 간에 모두 평이한 독해 난이도의 글을 선호한다는 사실을 보여 준다. 편안한 일상 용어를 사용하고 간단한 문장 구조가 필수다. 문법을 파고들 필요는 없다.

또한 디지털 작가는 자기 성찰을 하는 것이 아니라는 점을 말하고 싶다. 자기 콘텐츠의 글에만 주목하는 사람은 아무도 없다. 그저 전체 구독자 사용자 경험(UX)의 일부가 될 뿐이다. 자신이 뛰어난 작가라는 점을 보여 줘 사람들의 주목을 끌려고 하는 것이 아니다. 사람들이 온라인을 통해 하려고 하는 목적을 이룰 수 있도록 돕는 것이다. 그 자체로 자신에게 보답이 돌아온다.

뛰어난 글쓰기 솜씨와는 별도로 힘주어 말할 줄 알아야 한다. 대개 재미있는 콘텐츠를 만들려 하겠지만 특히 감성적인 내용이 정말 많이 필요하다. 사이트나 앱을 이용하는 사용자의 입장을 상상할 수 있어야 한다. 그들이 어떤 심리 상태일지를 생각할 수 있어야 한다.

그와 관련해서 논리적인 사고와 인간적인 공감에 자신이 있어야 한다. 카피라이터로서 이런 말을 종종 한다. "아무도 그런 짓을 하거나 생각할 것 같지는 않아." 카피라이터는 사람들에게 자신이 원하는 일을 하게 만드는 것이 아니라 그들이 하고 싶은 일을 하도록 도움을 주는 것이다.

자신이 해당 콘텐츠를 쓰기에 반드시 최적의 사람이 아닐 수도 있다. 이는 받아들이기에 좀 까다로운 문제다. 약간 어색할 수 있다. 하지만 이는 자신이 정보에 너무 근접해 있어서 타깃 구독자와 같이 생각할 수 없기 때문이다.

카피는 웹 사이트나 앱에 마지막으로 들어가야 할 부분이라고 흔히 생각하지만 카피라이터는 어떤 정보가 실제 어디에 들어가야 할지도 생각해야 한다. 눈에 띄는 자리에 넣으려고 디자인 과정 초기에 참여하는 것은 문제가 있다. '디자인을 망치지' 않기 위해 한정된 단어 수에 맞춰 쓰는 결과로 이어진다. 구독자의 눈동자는 쉴 새 없이 바삐 움직인다. 내용을 훑어보는 독자들에게 디자인은 크게 문제가 되지 않는다.

눈길을 끄는 카피를 쓴다고 해서 사이트 자체의 문제를 해결할 수 없다는 것이 또 다른 과제다. 디자인 자체를 설명하려고 해서도 안 된다. 카피는 회반죽이 아니다. 그리고 때때로 사용자의 목소리와 광고주의 기대 사이에서 균형을 잡아야 한다.

핵심은
스토리텔링이다

　위대한 글쓰기의 핵심은 스토리텔링이다. 동굴에 벽화를 그리거나 횃불을 휘두르기 시작했을 때부터 인류가 계속 해오던 일이다. 우리는 상상을 사로잡는 강력한 이야기에 저절로 반응한다. 글을 쓸 때 사실을 강조하기 쉽다. 뭔가의 값어치가 얼마인지, 특징은 무엇인지, 왜 뭔가가 바뀌어야 하는지, 그런 사정들에 관련된 사람들은 누구인지 등등. 어떤 글들은 오로지 사실에만 집중하는 것이 올바르고 적절하다. 온라인으로 세금을 납부하려는데 세무 공무원에 관한 환상적인 이야기를 만난다면 당황스럽다.

　그러나 스토리텔링의 힘을 무시하면 많은 글이 독자에게 이르지 못하거나 더 많은 독자를 만날 기회를 잃는다. 사람들이 소셜 미디어에서 이야기를 나누는 이유는 정서적인 반응을 기대하기 때문이다. 콘텐츠는 사람을 행복하고, 슬프고, 화나게 하거나 자랑스럽게 한다. 강력한 이야기는 정서적인 반응을 이끌어 내기 쉽고 사람들이 이를 다른 이들에게 나눌 확률을 높인다.

　스토리텔링은 저널리즘의 근본 요소다. 사실 조사에 근거한 강력한 이야기를 전하는 데 관심이 없는 기자는 없다. 이는 또한 의사소통을 이루는 근본적 요소의 나른 형식이다. 마케팅 관점에서 신제품이나 새 인물의 배경에 강력한 이야기가 숨어 있다면 구독자들이 기억할 확률이 더 높아진다. 차고에서 첫 번째 애플 컴퓨터를 조립한 두 명의 스티브를 생각해 보라. 광고나 마케팅 일을 하고 싶다면 매력적인 이야기를 통해 자신이 전달하려는 메시지에 구독자가 흥미를 더 많이 느낄 수 있게 만들 줄 알아야 한다. 스토리텔링은 연습이 필요한 또 다른 기술이다. 무엇을 배울지를 계획할 때 이를 경시하지 마라.

스토리텔링은 또한 전체 조직을 위해서도 중요하다. 사업이나 자선 행위는 아무 이유 없이 발전하지 않는다. 왜 시작되었는가? 뒤에는 누가 있는가? 주안점은 무엇인가? 조직에 대한 강력한 이야기는 거의 무한대의 디지털 콘텐츠와 브랜드의 세계에서 조직을 돋보일 수 있게 해준다. 강력한 이야기가 공유되면서 조직의 정체성이 사람들 사이에서 확립되고 이는 조직 내부의 구성원에게도 마찬가지다. 이는 브랜드 가치와 브랜드 말투를 만드는 과정에서도 사용할 수 있다.

기자의 눈길을 사로잡는 보도자료 쓰기

보도자료는 뉴스매체에 게재되기를 바라면서 무언가를 판촉하기 위해 기자들에게 보내는 짧게 쓴 문서다. 내용은 이벤트일 수도 있고 제품이나 정책 또는 결산 공고일 수도 있다. 여기에는 기자에게 필요한 모든 중요한 정보와 추가적인 취재를 위한 연락처가 기재된다. 또한 바쁜 기자의 이메일 박스 안에서 눈에 띄려면 가능한 한 호기심을 불러일으켜야 한다. 대개는 PR회사나 담당 팀이 보낸다.

최근에는 보도자료가 더 이상 위력을 발휘하지 못한다는 생각이 만연하다. 조직이든 개인이든 뉴스보도를 시도하는 대신에 대중에게 직접 이야기할 수 있는 소셜 미디어를 이용할 수 있다. 그리고 기자들은 이제 PR 전문가들로부터 소량의 글로 된 자료가 아니라 복합적인 콘텐츠를 바란다.

하지만 여전히 보도자료는 쓰임새가 있다. 대부분의 저널리스트들은 PR회사(흔히 광고쟁이라고 부르며)들이 연락을 해오는 것에 불평하지만 그들 사이의 좋은 관계는 양쪽에 다 도움이 된다.

보도자료는 아직도 기자들이 자주 의존하는 수단이다. 기사를 쓰기에 편리한 정보가 들어 있기 때문이다. 연락처, 제품이나 이벤트에 대한 정보는 쓸모가 크다. 가끔 기자들이 기사는 준비를 하되 민감한 정보를 너무 일찍 보도하지 못하게 엠바고(일정 시점까지 보도를 자제해 줄 것을 요청함- 옮긴이)를 건다. 디지털 시대에 엠바고는 신문 마감일이 구시대의 유물이 되어 가면서 그 쓰임새가 줄어들고 있다. 디지털 매체들은 더 이상 마감일을 특정하지 않고 상시적으로 보도하는 체제로 바뀌고 있다.

보도 자료를 써야 할 필요가 있다면 다음의 일반적인 지침을 참고하자.

- **헤드라인은 주의를 끌어야 한다. 하지만 기만적이어서는 안 된다. 만약 기자가 내가 쓴 보도자료를 자주 기만적이라 판단하면 다음번에는 간단히 무시하고 넘어간다.**
- **가능한 한 쓸모 있는 정보를 최대한 포함시켜라. 그러나 마케팅을 위한 말이나 과장된 말로만 채우지는 마라.**
- **취재가 추가로 필요하다고 판단할 때 연락할 수 있는 방법을 기재해라.**
- **관련된 콘텐츠를 같이 보내라. 기자들은 다운로드가 쉬운 영상 클립과 고화질의 사진이 내용에 있다면 이를 자신들의 디지털 플랫폼에 올리고 싶어 한다.**

평이한 글과 축약의 필요성은 보도자료에도 마찬가지로 적용된다. 주제에서 벗어나지 않게 글의 짜임새에 신경을 써라. 모범적인

디지털 콘텐츠는
처음입니다만

형식은:

- **효과적인 헤드라인:** 주의를 끌 수 있는 한 문장으로 핵심을 요약한다. 필요하다면 엠바고 관련 사항을 기재해라.

- **이야기:** 누가, 무엇을, 왜, 언제 그리고 어떻게? 보도자료의 본문은 세부 사항을 분명하게 기술하고 마케팅 의도가 섞인 표현은 삼간다. 뉴스의 가치가 어디에 있는지 명확히 해라. 이 이야기가 기자에게 흥미로운 이유는 무엇인가?

- **인용:** 기사의 주제에 도움이 되는 오피니언 리더의 발언을 포함하면 보도자료의 가치는 자연히 올라간다. 대개는 너무 길어질 수 있으므로 간결하고 흥미롭게 다듬어라.

- **세부 연락처:** 기자가 추가 취재를 원하거나 기사에 대해 의논하기를 원할 때 연락할 수 있는 수단을 기재해라.

- **콘텐츠:** 기자들은 각 기사에 영상과 사진을 포함시켜야 한다는 압박을 받는다. 콘텐츠를 다운받을 수 있는 링크를 포함하면 기자가 이를 활용할 가능성이 커진다.

스타일 가이드
만들기

브랜딩할 때 확실한 스타일이 있으면 도움이 된다. 제품이나 조직을 어떻게 브랜딩할 것인가를 생각하면 폰트, 색깔, 로고 등을 정하기가 쉬워진다. 사용하는 말의 스타일은 종종 간과하기 쉽지만 이 역시 중요하다. 먹을 수 있는 끈끈이 테이프의 예로 돌아가 보자.

- 에픽 버거는 강력한 지지자가 필요하다. 먹을 수 있는 끈끈이 테이프를 당장 구매하라.
- 이 완벽한 작은 발명품이 당신의 점심을 사랑스럽게 지켜줄 것이다.
- 먹을 수 있는 끈끈이 테이프는 당신의 점심을 안전하게 보호할 것이다.

같은 제품이지만 각 예문은 매우 다르게 들린다. 언어가 분위기를 어떻게 바꿀 수 있는지 이해하면 더욱 회사가 원하는 인재가 될 수 있다. 서로 많이 다른 조직에서 일하게 될 수도 있지만 새로운 조직이 사용하는 글의 스타일에 빠르게 적응할 수 있는 능력은 그럴 때 소중하다.

조직 내 의사소통을 담당하는 팀을 맡고 있다면 조직에 맞는 글쓰기 스타일은 무엇인지에 대한 가이드를 만들 필요가 있다. 앞 쪽에 스타일 가이드의 내용이 있었지만 다음은 몇 가지 도움이 되는 내용이 있다.

- **수동태보다는 능동태를 사용해라:** '내가 책을 썼다'가 '그 책이 나에 의해 쓰였다'보다 더 분명한 의미를 전달하고 독자들을 집중시킨다.
- **구독자들의 특징을 구체적으로 명시해라:** 대상이 되는 구독자들을 대표하는 가상의 사람을 만드는 데 도움이 된다. 그들을 상대로 어떻게 말하고 쓸 것인지에 대해 생각하면 왜 말투가 중요한지 이해할 수 있다.
- **단순하게 써라:** 복잡하고 현학적인 단어를 사용하지 마라. 가능한 한 명확하게 설명해라. 그래서 '당신의 워크스테이션 컴퓨터는 편안한 고도에 장착되도록 확인이 필요합니다'보다는 '컴퓨터를 안전한 높이에 설치하십시오'가 더 나은 표현이다.
- **구독자들에게 강요하지 마라:** 그들에게 강의하려 들지 말고 왜 자세히 읽어볼 필요가 있는지를 설명해라. 그 누구도 강요받기를 좋아하지 않는다. '반드시 인권에 관한 이 비디오를 지금 시청해야 합니다'보다는 '이 비디오는 왜 인권이 그토록 소중한지를 보여 줍니다'가 낫다.

개별 소셜 미디어 페이지 중에는 여러 사람으로 구성된 팀이 운영하는 경우가 흔하다. 그럼에도 한 사람이 모든 포스트를 쓴 것처럼 느껴지는 경우가 있다. 이는 브랜드 스타일 가이드가 확립되어 있고 각

포스트의 일관성을 점검하는 팀이 있다는 말이다. 물론 대개의 조직이나 개인들은 그렇지 못하다.

같은 계통에서 다른 사람들과 함께 일하고 있다면 그들 개개인의 글쓰기 스타일과 나쁜 습관들 그리고 개인별 특성들이 온라인에 올리는 포스트에 '스며들기' 쉽다. 스타일 가이드가 있으면 훨씬 더 일관된 말투를 유지할 수 있다. 그리고 편집자를 둬야 하는 비용도 줄일 수 있다.

참조하고 배울 수 있는 많은 스타일 가이드 자료가 존재한다. 생계를 위해 글을 쓰는 사람들은 모두 자신만의 스타일 가이드가 있고 이는 종종 치열한 논쟁거리가 되기도 한다. 대부분의 거대 뉴스 회사들은 각기 고유의 스타일 가이드를 가지고 있고 시간에 따라 어떻게 변화하는지 독자들에게 자주 업데이트를 한다. 만약 애독하는 특정 매체가 있다면 스타일 가이드를 제공하는지 알아보라. 환상적인 교재로 사용할 수 있을 것이다.

저지르기 쉬운
실수

낚시질

하지 마라. 낚시질은 의도적으로 눈길을 끌어 관계없는 내용으로 이어지는 헤드라인이나 소셜 미디어를 일컫는 말이다. 말 그대로 클릭을 유도하기 위한 목적이다. 웹 사이트는 클릭의 횟수에 따라 들어오는 광고 수익을 얻기 위해 이런 짓을 한다. 사람들이 이야기를 실제로 읽는지에는 큰 관심이 없다. 그래서 내용을 왜곡하는 헤드라인과 선정적인 사진을 소셜 미디어에 게시하여 클릭을 유도하고 이후에 사람들이 실망해서 사이트를 재빨리 떠나는 것에는 관심을 두지 않는다.

티저 역할의 헤드라인과 낚시질 사이에는 분명한 경계선이 존재한다. 만약 의도적으로 다른 내용으로 연결시키거나 계획적으로 선정적인 내용이나 의혹을 만들면 이는 낚시질이다. 좋은 디지털 콘텐츠는 사람들에게 그저 클릭만을 위해 속이는 것이 아니라 내용을 더 궁금하게 하는 욕구에 타당한 이유를 제공한다.

낚시질의 예를 들면:

- 당신이 만나보지 못한 놀라운 다이어트 비법(효과가 불확실한 약을 파는 웹 사이트로 연결)
- 두 명의 경찰이 나오는 이 사진이 바이럴하게 퍼지는 놀라운 이유(그들은 크리스마스에 일하고 있다.)
- 이 셀럽들이 저녁식사를 위해 나서다가 충격을 받은 이유(누군가 그들의 사진을 찍었다.)

전문용어

수단과 방법을 가리지 말고 전문용어 사용을 피해라. 특히 의미 없는 영업용 단어들은 더 그렇다. 이는 자주 사람들을 함정에 빠트린다. 그러니 업계 은어를 쓰지 않도록 세심히 살펴라. 장차 going forward, 표상 ideation, 정렬하다 align, 소송을 초래할 수 있는 actionable, 제품을 단종하다 sunset a product, 실눈 조절 granula leverage 등과 같은 문구들은 별 소용이 없고 읽기에 따분하다.

로봇 같은 말투

전문용어와 같이 의미 없는 문구는 아니지만 메시지를 복잡하게 하는 매우 건조하고, 공적이며, 딱딱한 언어다. 대중에게 직접 이야기를 하는 데 익숙하지 않은 거대 회사에서 사용하는 경향이 있다. 예를 들면:

- '우리는 존 스미스 씨를 대리한다'라는 간단한 말을 '본 회사는 최근 다음의 사항에 대해 존 스미스 씨를 대리하는 권한을 부여받았다'라고 표현한다.
- '이 기술은 당신이 고객을 이해할 수 있게 돕는다' 대신 '이 기술은 세부적인 고객 행동에 관한 데이터에 의해 회사의 세일즈 능력을 강화할 수 있도록 회사에 기회를 준다'라고 표현한다.

이번 연습에는 두 가지 과제가 있다. 하나는 충분히 긴 이야기를 할 수 있을 정도로 자신이 열정을 느끼는 주제여야 하고 다른 하나는 생각할 수 있는 가장 따분한 이야기여야 한다.

각 주제에 대해 써 보자.

- 흥미 있고 정확한 헤드라인 뽑기
- 주제를 400단어로 요약하기
- 1200단어 길이로 스토리텔링하기

글을 쓰는 동안 독자들이 명확히 이해해야 한다는 점을 명심해라. 내용에 대해 전혀 모르는 사람에게도 지금 쓰고 있는 글이 명확한지 스스로에게 계속 물어보라. 원시인까지 이해할 수 있는지 자문해 보자.

관심 있는 주제와 지루한 주제 모두에 대해 이 연습을 한 후 두 가지 주제에 대해 전혀 모르는 사람에게 한번 보여 준다. 그리고 다음과 같이 물어본다.

- 이해했는가?
- 흥미를 느꼈는가?
- 무엇이 바뀌면 더 낫겠는가?

쓰는 과정에 대해서도 주의 깊게 생각할 가치가 있는 질문이다. 각각에 대해 무엇이 어렵고 무엇이 쉬웠나? 어디서 힘들었나? 어떤 기술을 개선할 필요가 있는가?

이제 강점과 약점을 파악했다면 자신 없는 기술을 개선하고 강점을 더 키울 학습 계획을 세울 수 있다. 글쓰기에는 연습이 필요하다. 연습을 정기적으로

디지털 콘텐츠는
처음입니다만

해라. 자신이 재미있게 읽은 글을 주의 깊게 살펴 무엇이 흥미 있게 만드는지 찾아내라. 수많은 블로그와 포럼에서 작가들이 써놓은 매우 유용한 조언과 충고를 찾아볼 수 있다.

PART 03

누구나
멋진 영상을
만들 수 있다

_ 영상은 가장 기본적인 유형의 콘텐츠다.

_ 생각보다 제작비용이 저렴하고 만들기 쉽다.

_ 생중계 또한 중요하다.

영상은 가장 인기 있는
디지털 콘텐츠

빌리 조엘의 〈52번째 거리(52nd street)〉는 상업적으로 발매된 첫 번째 콤팩트디스크 앨범이다. CD가 처음 나왔을 때 고객들은 지금까지는 들어보지 못한 환상적인 음질에 반했다. 하지만 그 이후에도 많은 앨범이 레코드판을 염두에 두고 제작되었다. 감사하게도 레코드 회사들은 곧 실수를 깨닫고 콤팩트디스크에 맞는 환경으로 제작을 시작했다.

비록 사정은 나아졌지만 많은 회사들이 디지털을 위한 영상을 같은 방식으로 다루었다. 대부분의 디지털 영상이 소리는 끈 상태로 스마트폰으로 시청된다(디지털 업계의 뉴스 사이트인 디지데이Digiday에 따르면 시청 시간 중 85퍼센트의 비중으로). 많은 사람들이 나와서 떠드는 4분짜리 뉴스 영상은 아무런 효과가 없었다. 디지털 플랫폼을 위한 영상 제작은 다른 형태의 영상과 어떻게 다른지를 이해하는 것이 디지털 창작을 위한 기본이다.

디지털 영상은 무엇을 의미하는가? 인터넷으로 연결된 기기를 통해 보는 모든 영상이 여기에 해당한다고 주장할 수도 있다. 그렇다면 과연 넷플릭스 계정의 영화와 다큐멘터리도 디지털 영상인가?

소셜 미디어를 통해 보는 것들을 디지털 영상이라고 정의할 수도 있다. 그러나 이렇게 정의하면 유튜브나 비메오와 같은 웹 사이트만을 위해 만들어진 영상은 제외된다.

나는 스마트폰으로 볼 수 있도록 디자인된 것을 디지털 영상이라고 정의한다. 그 이유는:

디지털 콘텐츠는
처음입니다만

- 지금 인터넷은 대부분 모바일 기기에 의해 사용된다('데스크톱의 시대는 지나갔다. 2016' StartCounter Global Stats).
- 소셜 미디어와 영상 전문 사이트는 모바일 기기로부터 대부분의 트래픽이 이뤄진다(2016년에 페이스북은 모바일 기기가 월별 92.7퍼센트의 점유율을 기록했다).
- 모바일 기기를 위한 영상은 TV를 위한 영상과는 많이 다르다. 그래서 구별해서 제작하는 것이 중요하다.

데스크톱과 태블릿을 통한 시청도 무시해서는 안 된다. 하지만 통계를 보면 모바일 기기에 적합한 영상에 집중하는 것이 유리하다는 것을 알 수 있다. 대부분 모바일로 영상을 시청하기 때문이다.

대부분의 영상이 소리를 끈 채 시청된다는 사실이 이상해 보일 수 있다. 그것은 사람들의 습성을 고려하면 알 수 있다. 대개 공공장소에서, 일터에서 또는 음악을 들으며 핸드폰를 통해 빠르게 훑어본다. 영상을 보기는 하지만 소리를 켜면 음악 감상이 방해받거나 예의에 어긋나는 소음을 발생시킨다. 소리가 쾅쾅 울려대며 자동적으로 재생되는 영상이 들어 있는 네트워크를 보는 일은 즐겁지 않다. 사람들은 소리를 끈 상태로 훑어보고 흥미가 생기면 그때 소리를 켠다.

영상은 가장 인기 있는 종류의 디지털 콘텐츠다. 이를 지원하지 않는 소셜 네트워크는 매우 드물다. 영상을 만드는 일은 매우 고가의 첨단 카메라와 편집기기들이 필요한 일이었다. 하지만 이젠 값싼 장비와 사용하기 쉬운 도구로 영상을 제작할 수 있게 되었고 보다 많은 사람들과 조직이 예전과 다르게 스스로 영상을 만들고 있다.

스마트폰은 또한 사람들이 믿을 수 없을 정도의 고품질 영상을 녹화할 뿐만 아니라 편집하고 세계와 공유할 수 있게 만들었다. 생중계 영상은 맘만 먹으면 즉시 어떤 이벤트든 방송할 수 있다는 것을 의미한다. 그래서 디지털 영상은 사전 녹화하고 편집한 영상만을 고려해선 안 되고 생중계되는 원본 영상 또한 생각해야 한다.

영상을 제작하는 기술적인 부분은 훨씬 쉬워진 반면에 스토리텔링과 능숙한 제작은 배워 나가야 한다. 스마트폰 카메라를 소지한 모든 사람이 뛰어난 사진가가 되는 것이 아니듯, 녹화 버튼으로 모든 사람이 뛰어난 영상을 제작할 수 있는 것은 아니다.

잘 만들어진 영상이라고 해서 수없이 다듬고 다듬어져 제작된 것을 의미하지는 않는다. 영상 제작이 능력 밖의 일이라 생각할 수도 있지만 생각보다는 쉽다. 뭔가 매력 있는 대상을 찍은 10초가량의 흔들리는 스마트폰 영상도 잘 만들어진 비디오가 될 수 있다. 누구도 색 보정이 되어 있지 않다거나 삼각대 없이 찍은 영상이라고 비난하지 않는다.

이번 장에서는 어떻게 디지털 영상을 잘 만들지와 영상 제작 기술이 왜 그렇게 가치 있는지에 대해 다룬다. 전통적인 영상과 디지털 영상의 차이점, 어떤 장비를 사용할지에 대한 몇 가지 추천, 영상을 통한 스토리텔링 기교에 대해서 살펴본다. 360도 비디오와 같은 최신 포맷에 대해서도 배울 것이다.

디지털 영상 제작이 배우기에 너무 복잡할 것이라 생각하고 지레 겁먹지 말자. 나는 카메라를 빌리고 편집 앱으로 놀면서 배웠다. 내가 수업을 받지 않고 배울 수 있었던 만큼 누구든지 가능하다.

바야흐로 지금은
영상 시대

영상 콘텐츠는 디지털 플랫폼에서 사진과 글을 넘어 가장 인기가 높다. 시스코^{Cisco}(레오나드 보삭과 샌디 러너가 1984년 샌프란시스코에 설립한 미국의 정보 통신 회사-옮긴이)는 2020년이 되면 영상 콘텐츠가 모든 사용자 트래픽의 82퍼센트를 차지할 것이라 내다봤다. 소셜 네트워크에서도 최대 비중을 차지하고 있다. 그들은 사용자들이 가능한 한 많은 영상을 올리기를 바란다.

왜?

다른 것들에 비해 영상이 사용자들에게 대중성을 갖는 이유는 수 없이 많다. 바쁜 뉴스피드에서 동영상은 사람들의 주의를 끈다. 소셜 네트워크를 사용한다면 콘텐츠 목록을 빠르게 훑어보라. 자신의 눈길이 자연스럽게 자동 재생되는 영상으로 끌리는 것을 알 수 있다. 바로 영상이 구독자의 관심을 얻을 수 있는 유용한 도구인 이유다.

제작자는 영상으로 복잡한 주제를 쉽고 재미있게 표현할 수 있다. 걱정스런 통계지만 성인의 평균 독서 연령은 어린이 수준이다. 정부 통계에 따르면 영국 성인 노동인구의 절반은 11세나 그보다 어린 독서 연령을 가지고 있다. 앞 장에서 평이한 글의 중요성에 대해 읽었을 것이다. 많은 사람들이 글을 읽는 데 어려움을 느끼고 읽기에 단련된 독자들조차도 길이가 긴 설명이나 안내에 대해서는 지루함을 느끼는 것이 현실이다.

영상은 개념이나 이야기를 빠르게 설명할 수 있는 수단이다. 영상에 시각적 예시를 포함시킬 수 있다면 텍스트 대비 우위를 점할 수 있다. 상업적인 이유도 있다. 대부분의 콘텐츠 공급자들은 사업자들의 광고에 의존한다. 영상의 프리롤(동영상을 시작하기 이전에 자동 재생되는 광고를 삽입하는 방식-옮긴이) 광고는 웹 사이트의 배너 광고보다 대체로 더 많은 돈벌이가 된다. 그래서 될 수 있는 한 많은 비디오를 만들어 내려고 한다.

'공급자'들은 대중을 위해 콘텐츠를 만들어 내는 모든 조직을 포함한다. 뉴스 회사, 라디오 방송국, 정부 부처 등은 모두 디지털 세계의 콘텐츠 공급자들이다. 공급자 조직에서 일을 하고 싶다면 영상을 만드는 기술은 수입 창출을 의미한다. 마케팅이나 PR 부서에서 일하기를 원한다면 판촉 활동을 하고 싶은 조직에 제품의 영상을 보낼 수 있다. 영상을 통하면 구독자에게 노출될 확률을 높일 수 있다.

대부분의 공급자들은 한 종류의 콘텐츠를 전문으로 다뤘었다. 당연한 얘기지만 TV 방송국은 영상만을 만들고, 신문사들은 인쇄물만을 만들었으며 다른 형태의 공급자들도 마찬가지였다. 이제 디지털 플랫폼을 통해 모든 사람들이 다양한 종류의 콘텐츠를 공급할 수 있게 됐다. 이야기를 글로 쓸 수도 있지만 대부분의 디지털 플랫폼들은 이를 사진이나 영상 클립과 결합시킬 수 있는 환경을 제공한다. 온라인에 올라오는 대부분의 게시물들은 사진, 영상, 오디오와 글이 결합된 형태이다.

이제는 가치 있는 영상을 만드는 주체가 조직 단위만이 아니다. 개인들도 HD 카메라를 주머니에 지니고 다닌다. 스마트폰이 곧 고화질 카메라다. 구독자들에게 뉴스 속의 이야기나 이벤트에 관한 영상이 아니면 그들의 생각이나 의견을 영상 클립으로 올려달라고 요청할 수 있다.

생중계 영상 기능은 스마트폰을 들고 있는 모든 사람들에게 엄청난 힘과 영향력을 선사했다. 2016년 페이스북은 모든 사람들이 자신의 스마트폰을 통해 세계로 방송할 수 있는 기능을 추가한다고 발표했다. 이는 디지털 비디오를 만들어 내는 방법뿐만 아니라 효과적인 생중계 영상을 계획하고 만드는 법 또한 배워야 한다는 것을 의미한다.

리니어와
디지털 영상의 차이

리니어 비디오는 TV, DVD, 뉴스 기사 등 예전 플랫폼들을 위해 만들었던 콘텐츠다. 흔히 리니어라 불리는 이유는 구독자들이 발견하고 선택하는 것이 아니라 계획된 결과물이기 때문이다. 리니어 비디오는 사람들이 앉아서 시청하는 큰 와이드스크린 TV를 위한 용도로 만들어진다. 흔히 '시간 약속을 통한 시청'이라는 방식으로 소비된다. 이는 사람들이 몇 시에 프로그램이 방송되는지 알아보고 자리를 잡고 보겠다는 의식적인 결정을 한다는 의미다. 일요일 저녁마다 즐겨 보는 TV 프로그램이나 큰 스포츠 게임 중계 영상을 떠올려 보라.

반면 디지털 영상은 대체로 스마트폰을 통해 소비된다. 이는 수직 형태의 작은 스크린을 의미한다. 또한 앞에서 언급한 대로 대개 소리를 끈 채 시청된다. 사람들은 소셜 미디어의 뉴스피드에서 영상을 찾는다. 그들의 주의는 분산돼 있고 관심이 없다면 빠르게 훑고 지나간다.

두 가지 영상 사이의 몇 가지 실제 주요한 차이점들은 다음과 같다.

리니어 비디오

1. **길이가 길다:** 30초의 TV 광고부터 5분 길이의 뉴스 기사 그리고 60분 길이의 특집 장편 프로그램까지

2. **제작 수준이 높다:** 시청자들은 편집되지 않은 원본 영상을 긴 시간 보는 것을 선호하지 않는다. 그래서 영상은 세심하게 다듬어지고 주의 깊게 편집된다.

3. **이야기를 하는 데 시간을 들인다:** 사람들이 보다 긴 시간을 시청하는 관계로 이야기의 전개 속도가 비교적 느리다.

4. **소리가 무척 중요하다:** 영상만큼 음악, 대화 그리고 효과음에도 주의를 쏟는다.

5. **결과에 두는 비중이 크다:** 리니어 비디오 제작자들은 사람들이 가능한 한 오래 시청하기를 바란다. 그래서 대개 가장 중요한 내용을 마지막에 위치시킨다.

6. **큰 화면을 위해 제작된다:** 세심한 촬영과 그래픽으로 와이드스크린에 적합한 영상이다.

디지털 비디오

1. **매우 짧다:** 스마트폰을 통해 많은 것들을 처리해야 하는 바쁜 사람들이 영상을 보기 위해 시간을 길게 쓰지 않는다. 그래서 디지털 영상은 대체로 매우 짧고 간결하다. 10~30초 사이가 많다.

2. **음소거:** 대부분의 디지털 영상은 소리가 꺼진 상태에서 본다. 그래서 자막이나 소제목이 소리를 대신하기 위해 쓰인다.

3. **스마트폰 화면을 위한 디자인:** 작은 화면에서도 읽을 수 있을 만큼 큰 그래픽이 들어간 수직이나 사각 형태의 영상이 최적이다.

4. **강력한 도입부:** 게시물이 넘쳐 나는 피드 안에서 사람들의 관심을 끌기 위해 영상의 도입부에 좋은 이미지가 필요하다.

5. **원본 영상(때때로):** 많은 디지털 영상들이 매우 전문적인 반면에 원본 비디오 역시 좋은 반응을 이끌어 내기도 한다. 유튜브의 웃음을 주는 클립들과 스마트폰으로 생중계되는 영상들을 생각해 보라. 디지털 영상의 성공 여부는 조회 수로 간단히 알아볼 수 있다. 또는 사람들이 시청한 시간이나 공유 횟수, 달려 있는 댓글의 숫자와 같은 보다 상세한 통계를 이용할 수 있다.

디지털 영상은 여러 가지 방법을 섞어 만들 수도 있다. 약간의 사진을 이용하여 이를 동영상화하고 몇 줄의 텍스트를 추가하면 디지털 영상이 된다. 리니어 비디오도 종종 특징적인 사진을 이용하는데(특히 다큐멘터리) 60분을 사진만 보여 주면 굉장히 지루할 것이다. 디지털 영상물은 몇 장의 사진과 약간의 글을 이용해 쉽게 만들 수 있다.

영상을 직접 만들지 않더라도 이런 주요 차이점을 파악하고 있다면 이를 외주할 때 무엇을 요청해야 하는지 알 수 있다.

디지털 콘텐츠는
처음입니다만

디지털 영상의
다양한 형태

서로 다른 특정 목적을 가진 영상들 사이의 차이점도 있다. 뉴스를 설명하는 영상과 광고는 모두 수직으로 소리를 제거한 상태일 수 있지만 다루는 주제와 스타일은 실제로 많이 다르다. 다음은 다른 유형의 영상들과 차이점들에 대한 예시들이다. 이 사례들을 살펴보고 자신이 어떤 유형의 영상을 만들지, 그다음 어떤 직종을 원하는지에 대해 생각해 보라.

최대한 간결하게 보여 주는 저널리즘

뉴스 회사들은 영상의 원본과 편집본을 모두 사용한다. 높은 품질의 영상보다는 화면에 담긴 이야기와 사건에 부합하는 정도가 중요하다. 소셜 미디어에서 생중계 영상의 부상은 기자나 시민 모두에게 요긴하다. 누구든지 사건 현장의 장면을 즉시 공유할 수 있다. 생중계 영상은 뉴스 사건에 대해 대중에게 질문하거나 인터뷰를 할 때 기자들이 사용하기도 한다.

기자들은 복잡하고 논쟁적인 이슈를 가능한 한 명확하고 객관적으로 설명해야 한다. 뭔가를 설명하는 동영상이 유행하고 있다. 복잡한 주제를 짧고 간결하게 설명한다. 주제를 자세히 설명하기 위해 흔히 그래픽과 애니메이션을 사용한다. 이런 종류의 영상물을 제작하고 싶다면 대형 뉴스 회사에서 올린 사례를 찾아보고 애프터 이펙트After Effects(어도비 시스템즈가 개발한 디지털 모션 그래픽 및 합성 소프트웨어-옮긴이)와 같은 앱을 사용해서 자신만의 영상을 만들어라.

길이가 긴 영상 다큐멘터리와 스토리텔링이 디지털 플랫폼에서 다시 부상하고 있다. 이런 콘텐츠를 만들려면 많은 기술이 필요하지만 그렇다고 좌절할 필요는 없다. 구독자들이 전체 영상을 보게 하려면 압도적이고 흔치 않은 이야기를 하면 된다. 디지털 세계에서는 대화형 사진 갤러리나 글로 내용을 요약한 발췌 포스트 등 다른 형태의 콘텐츠와 영상을 결합하는 것이 가능하다.

상업적인 듯, 아닌 듯 콘텐츠 마케팅

달러쉐이브클럽의 제품 론칭 영상은 콘텐츠 마케팅 사례 중에서 가장 유명하다. 지배 기업이 대부분의 지분을 장악하고 있는 면도날 시장에서 그들은 회원 모집을 시도했다.

달러쉐이브클럽은 CEO가 출연해 왜 그들의 면도날이 구입할 만한 가치가 있는지에 대해 설명하는 유쾌한 영상을 만들었다. 글로 된 이 책의 특성상 설명이 부족할 수 있다. 이 글을 쓰고 있는 지금 그 영상의 조회 수는 2,400만을 넘어가고 있다.

상업적 광고라기보다는 사람들이 보고 싶어 하는 콘텐츠를 만들어 정말 많은 구독자를 만날 수 있었다. 사람들은 적극적으로 영상을 공유했고 그 덕에 빠른 시기에 사업을 안착시켰다. 판매를 목적으로 하면서도 사람들이 실제 보고 싶어 하는 재미있는 영상을 제작하는 것은 쉽지 않다. 그래서 콘텐츠 마케팅은 힘들 수 있다. 적절한 유머와 감정에 호소하는 것이 성공할 수 있는 최선의 방법이다. 만약 마케팅에 관심이 있고 관심을 끌 수 있는 재미있는 아이디어가 있다면 한번 도전해 보자.

나만의 브랜드 구축하기

많은 사람들이 비디오 블로그 활동으로 출세를 했다. 아마도 이들 중 가장 유명한 이는 퓨디파이와 조엘라일 것이다. 모두 대단히 많은 구독자를 보유하고 있고 자신들의 영상에 브랜드나 제품을 홍보하면서 많은 돈을 벌었다. 많은 젊은이들에게 요즘은 방송계의 스타보다는 비디오 블로거들이 더 유명해지기도 한다.

소중하게 품고 있는 주장이나 주제가 있다면 자신의 생각을 세계와 공유할 수 있다. 이런 영상을 만드는 데 기술적 부분은 쉽다. 컴퓨터의 웹캠만으로 충분한 경우가 많다. 어려운 부분은 사람들의 관심을 끌면서도 충분한 근거를 가진 중요한 영상을 만들어 내는 일이다.

자신만의 브랜드를 구축하는 일은 커리어 전망에도 큰 도움을 준다. 이미 일하고 있는 업계 내에서 발전을 원한다면 사람들에게 업계의 현실을 알려주고 질문에 답하는 영상을 만들 수 있다. 자기 분야에 대해 명성을 쌓을 수 있고 리더로 여겨질 것이다.

영상의 위력이 대단한 교육 분야

자선단체나 공공 부서에는 새로운 정부에 대한 중요한 공지를 재밌게 설명해야 할 때가 종종 생긴다. 예를 들면 정부의 금연 정책은 흡연의 위험과 사람들이 이용할 수 있는 도움에 대해 설명하는 애니메이션과 영상이 필요하다. 이런 영상들은 설명성 기사와 같이 흔히 애니메이션과 텍스트에 의존한다. 애니메이션 기술을 익혀 두면 도움이 된다. 복잡한 주제를 압축해서 1분이나 2분짜리 영상으로 만드는 일은 어렵고 연습이 필요하다.

잘 만들어진 이런 종류의 영상 중 하나가 〈멍청하게 죽는 방법Dumb Ways to Die〉이다. 오스트레일리아의 안전한 지하철 이용을 위해 제작되었지만 전 세계적으로 퍼져 나갔다. 광고 회사에서 만든 점을 인정하더라도 중요한 공공 메시지를 전하는 데 있어 영상의 위력을 잘 보여준다.

마르지 않는 창의성 기르기

온라인으로 자유롭게 배포할 수 있는 영상 콘텐츠를 만드는 일이 용이해지면서 창의적인 영상을 이처럼 만들기 좋은 시절은 일찍이 없었다. 온라인 커뮤니티를 통해 아이디어와 조언을 구할 수도 있다.

영상 자체는 전적으로 자신의 통찰에 의하지만 어쩔 수 없는 약간의 제약 사항도 존재한다. 마음에 새겨야 할 것은 창의적인 비디오를 만드는 일뿐만 아니라 영상을 판촉하는 일 역시 중요하다는 점이다. 자신이 누리는 접근성은 다른 많은 사람도 영상을 만들어 쉽게 올리고 있다는 것을 의미한다. 그러므로 자신의 목소리가 누군가에게 전달되기를 원한다면 '큰소리로 외칠' 필요가 있다.

다른 사람들이 어떤 기발한 아이디어로 무엇을 만들고 있는지 시선을 떼지 마라. 창의적인 제작자를 위한 비메오와 같은 비디오 사이트에서 공유되는 짧고 아름다운 영상들이 전 세계에서 만들어지고 있다. 그곳에서 끊이지 않는 영감의 원천을 얻을 수 있다.

나 (혹은 팀) 에게
필요한 기술

디지털 영상을 잘 만들기 위해서는 일련의 기술들이 필요하다. 모든 것을 빠짐없이 적지는 않았지만 이 기본들을 갖추면 고품질의 영상을 쉽게 만들 수 있다.

계획하기

아무리 간단한 촬영이더라도 항상 사전에 계획을 짜야 한다. 여기에는 다음의 사항들이 들어가야 한다.

- 촬영에 대한 스토리보드를 만들어라. 시간을 절약하고 최종적으로 영상이 어떤 모습이 될지 알 수 있다. 서툰 그림으로 종이에 그려도 되고 스토리보드를 위한 앱을 사용할 수도 있다. 무료 앱들이 많이 있고 이를 이용하면 촬영이 훨씬 순조로워진다. 스토리보드를 만들면 영상이 어떤 모습일지 정확히 시각화할 수 있고 어떻게 보일지에 대한 예상을 할 수 있다. 자신이 없다면 좋아하는 영화의 장면들 중 하나를

디지털 콘텐츠는
처음입니다만

거꾸로 스토리보드로 만드는 것도 하나의 방법이다.

- 어떤 종류의 촬영에도 실행 계획이 중요하다. 필요한 장비를 예약해 본 적이 있는가? 사용하고 싶은 장소에 대해 허가를 구해 본 적이 있는가? 촬영에 필요한 모든 사람에게 도착시간을 고지했는가? 그리고 카메라 배터리 충전을 절대로 까먹지 마라. 모든 필요한 일에 대한 점검표를 만들고 빠트리지 마라. 트렐로나 에버노트 같은 도구는 까먹지 않고 준비를 하는 데 도움이 될 수 있다. 일을 마친 후 다시 한 번 이 리스트를 살펴보는 것도 가치 있다. 무엇이 빠졌는가? 계획 중에 실수는 무엇이었는가?

- 일단 촬영이 끝나면 원본 필름을 어떻게 편집하고 배본할 것인가? 스스로 할 수도 있다. 아니면 편집 전문가에게 작업을 예약해야 할까? 영상을 위해 '방송 종료' 과정이 무엇인지 생각해 보면 도움이 된다. 누가 승인할 것이며 어느 정도 시간이 걸릴 것인가? 이때 스토리보드가 다시 쓰임새가 생긴다. 편집 방향에 대한 개략적인 윤곽을 제시한다. 현장에서 다른 화면을 선호할 수도 있으므로 엄격하게 스토리보드에 매달릴 필요는 없지만 화면들을 최종적으로 합본하면서 따라야 할 전체 구조를 잡아 준다.

영상을 제작하는 일은 창의적이며 재미있는 반면 체계적인 기술이 필요하다. 촬영 계획은 실수를 줄여 주며 복잡한 진행 과정에서 안도감을 준다. 촬영이 순조롭게 흘러가려면 지나치게 세부적인 사항까지 계획을 잡는 것도 방해가 된다는 점을 명심해라. 무언가를 촬영하는 데 매우 짧은 시간만 주어져 있다면 일단 시작하고 최선의 결과를 기대해 보는 것도 나쁘지 않다.

카메라

영상은 스마트폰부터 전문 카메라까지 여러 가지 기기로 만들 수 있다. 디지털 제작자는 어떤 기기를 사용하든 편안해야 한다. 준비해야 할 주요 카메라 기술들은 다음과 같다.

- **카메라 준비:** 각각의 촬영에 맞추어 카메라 설정을 할 줄 알아야 한다. 예를 들면 풍경을 따라가며 찍을 때에는 삼각대가 필요하고 어두운 곳에서의 공연을 위해서는 낮은 조명의 설정이 필요하다.
- **화면 순서:** 화면들이 매끄럽게 연결되려면 무작정 예쁜 화면들만 불규칙적으로 많이 찍지 마라. 논리적인 순서가 있어야 한다. 예를 들어 집을 상상해 보자. 전체 집의 외관을 보여 주는 원거리 장면 이후에 보다 가까운 현관문의 화면 그리고 누군가의 손이 문손잡이를 잡고 돌려서 여는 근접 화면의 순서가 되어야 한다. 이렇게 해야 최종적인 영상이 시청하기에 훨씬 흥미로워진다.
- **인터뷰:** 제작자는 영상을 위해 종종 누군가를 인터뷰해야 한다. 인터뷰 촬영을 위한 기술적인 부분이 있다. 조명을 이용하고, 마이크를 준비하고, 대상자가 편안하게 임할 수 있는 분위기 조성이 필요하다. 제작자는 최고의 인터뷰를 얻어 내기 위해 대인관계 기술에도 능해야 한다. 인터뷰 대상자는 종종 신경이 곤두서 있어서 목적했던 인터뷰를 끌어내기 위해서는 잘 구슬려야 한다.

편집 관련 기술

편집은 촬영한 원본 영상을 하나로 연결하는 과정이다. 다른 사람들의 콘텐츠나 사진들로 애니메이션 효과를 만들어 영상에 연결하기 위해서도 편집 기술이 필요하다. 여러 가지 주요 편집 앱들이 세상에 출시되어 있지만 일단 하나를 능숙하게 다룰 수 있게 되면 다른 앱을 사용하는 데도 큰 어려움이 없다. 현재는 아비드^{Avid}, 어도비 프리미어^{Adobe Premiere} 그리고 파이널 컷 프로^{Final Cut Pro} 등이 가장 인기가 많다.

이런 편집 앱 중의 하나를 구하고 연습해라. 처음에는 어떻게 다뤄야 할지 좀 막막하겠지만 온라인을 찾아보면 초보자가 따라 할 수 있는 많은 '사용법' 관련 동영상들이 있다. 비용이 들어가고 성능 좋은 컴퓨터도 필요하다. 그러니 편집기가 있는 대학이나 공공 기관을 찾아보거나 촬영 후 제작 관련 회사에 배울 수 있는 기회를 문의해 보라.

다음 3단계로 기술을 습득할 수 있다.

1. 간단히 순서에 맞춰 영상을 잘라 연결해 보라. 원본 영상의 필요 없는 부분을 잘라 더 짧게 만들어라.
2. 음악을 더하거나 제목이나 사진을 삽입하는 더 복잡한 편집 기술을 익혀라. 이런 기술들을 배워서 전문적인 영상을 만들 수 있는 준비를 해라.
3. 더 많은 기술을 배우고 싶다면 화면이나 제목에 다양한 효과를 줄 수 있는 애프터 이펙트^{After Effects}(어도비 시스템즈가 개발한 디지털 모션 그래픽 및 합성 소프트웨어-옮긴이)와 같은 앱의 사용법을 배우면

도움이 된다. 사용법이 복잡할 수 있지만 온라인에는 많은 자료들이 있다는 사실을 기억해라.

그래픽 디자인

영상에 그래픽 디자인이 중요하다는 이야기는 좀 이상하게 들릴지도 모른다. 하지만 온라인에서 자신의 영상 조회 수를 올리기 위해서는 제목을 돋보이게 만들고 '사진을 입혀'야 한다. 그러기 위해서는 디자인의 기초가 필요하다. 좋은 디자인에 대한 안목이 생기면 구독자에게 자신의 영상이 보다 전문적이고 매력적으로 평가받는다.

전문가 수준의 그래픽을 만들 수 있어야 하는 것은 아니지만 좋은 디자인의 기초는 배워야 한다. 시중에는 좋은 책과 가이드가 많이 나와 있다. 이를 통해 영상이 훨씬 보기 좋아진다.

편집 관련 판단

편집 관련 판단력은 저널리스트가 가져야 할 가장 중요한 기술이다. 이는 대중을 대상으로 콘텐츠를 만드는 모든 역할에도 중요하다. 대중에게 적합한 내용인지, 현재 뉴스 환경에서 이를 공개하는 것이 합리적인지 또는 이야기 자체가 제작 가치가 있는지 등을 판단하는 문제다. 가공의 이야기보다는 논픽션을 다룰 때 확실히 중요하다.

앞의 먹을 수 있는 끈끈이 테이프의 예로 돌아가 보자. 이 상품을 출시하기 위해 소셜 미디어 팀은 멋들어진 영상을 준비했다. 이 영상이 논쟁의 소지는 전혀 없어 보이지만 당일 아침에 접착테이프가 환경 파괴의 큰 원인이라는 주요 기사가 터져 나왔다. 영상에는 사람들이 소풍을 나와 많은 나무 사이에서 끈끈이 테이프를 사용하는 장면이 다수 들어 있다. 편집적 판단으로 이 시기에 영상을 공개하는 것은 좋지 않다. 편집 판단력은 영상을 출시할 때 특히 중요하다. 수많은 화면 속에서 실수는 쉽게 일어난다.

모든 사항에 대한 점검 목록은 아니지만 스스로에게 물어볼 필요가 충분한 질문들이다.

- 영상이 이야기나 주제의 양쪽 면을 모두 정확하게 묘사했는가?
- 사람들의 발언이나 사실을 잘못 표현하지는 않았는가?
- 현재의 주요 뉴스들이 구독자들에게 영상이 인식되어야 할 방향을 왜곡하지 않았는가?
- 영상에 포함된 사람들에게 자신이 찍힌 화면을 사용하는 방식에 대해 동의를 얻었는가?
- 이 영상이 저작권을 위반하지는 않았는가?

진행 기술

영상을 제작하는 사람이 직접 해설을 영상에 추가하거나 영상에 출연해 진행할 수 있다면 1인 프로덕션 회사가 된다. 누가 영상에 맞는 진행을 잘하는지 찾아내 출연시킬 수 있다면 좋은 일이다. 카리스마 있는 진행자는 영상을 보다 흥미롭게 만들고 어려운 개념을 자막

보다는 훨씬 명확하게 사례를 들어가며 설명할 수 있다.

확실히 이런 모든 기술들에 다방면으로 탁월한 사람은 찾아보기 힘들다. 그러나 각각에 대해 기초적인 지식을 이해하고 있다면 분명히 차이점을 만든다. 팀을 꾸리고 있다면 서로를 보완해 줄 수 있는 팀원들의 조합을 구성할 수 있다.

나(혹은 팀)에게
필요한 장비

영상을 제작하려면 값비싼 장비가 필요하기 때문에 비용이 많이 들었다. 감사하게도 지금은 전문적인 영상도 과거에 비해 훨씬 저렴한 비용으로 손쉽게 만들 수 있게 되었다.

여기에 앞으로 필요할 장비 목록을 제안한다. 필요한 기기의 종류가 너무 많아 질릴 수도 있으나 여기에는 기본적인 것들만 포함시켰다. 쇼핑에 나서기 전에 자신의 스마트폰만으로도 믿기지 않는 품질의 영상을 만들 수 있다는 점을 기억해라. 비용을 전혀 들이지 않고 영상 제작을 실습할 수 있는 좋은 방법이다.

카메라

고성능 카메라는 1,000파운드 정도에 구매할 수 있다. 대체로 동영상 카메라나 DSLR^{Digital Single Lens Reflex}(디지털 일안 반사식 카메라)이다. DSLR은 강력한 렌즈 덕택에 영화 같은 화면을 찍을 수 있어 영상 제작에 대중적으로 사용하게 되었다. 그럼에도 주로 사진을 찍기 위한 용도로 제작된 까닭에 영상을 찍을 때는 소리를 녹음하는 마이크가 없는 등의 이런저런 불편이 있다. 만약 이미 DSLR을 가지고 있다면 영상 모드로 실험을 해봐라.

동영상 카메라를 살 때 다음의 기능들이 있는지 점검한다.

- 충분히 영상을 찍을 수 있을 정도의 내부 저장 장치를 가지고 있는가? 만약 메모리 카드를 사용한다면 전체 촬영을 마칠 수 있을 정도의 양을 미리 구매해라.
- 전문가용 마이크나 조명 등의 부가 장치들을 쉽게 연결할 수 있는가?
- 표준형 삼각대에 장착이 되는가?
- 튼튼하게 만들어졌는가? 촬영 시에는 종종 카메라가 넘어지고 부딪친다. 촬영 환경을 이겨낼 수 있을 정도로 충분히 견고한가?
- 배터리는 호환이 가능한가? 일부 카메라는 내장 배터리로 보다 편리해 보일 수도 있지만 길이가 긴 영상을 찍을 경우에 배터리가 소진되면 문제가 발생할 수 있다.

삼각대

화면을 안정적으로 찍고 싶을 때 삼각대가 필요하다. 특히 인터뷰나 근접촬영을 할 때 중요하다. 가격대는 범위가 넓어 매우 싼(대략 30파운드) 것부터 엄청 비싼(1,000파운드 이상) 것까지 다양하다.

당연히 가장 중요한 점은 얼마나 견고하고 안정적인지이다. 촬영 시 이동이 많다면 휴대가 간편한 것이 좋다.

마이크로폰

모든 카메라의 공통점 한 가지는 내장 마이크의 성능이 대단히 좋다는 것이다. 적절한 마이크로폰은 필수적이다. 종류가 많으니 어떤 마이크가 필요한지 생각해야 한다.

- 핸드헬드 마이크로폰은 대개 기자나 진행자가 사용한다. 쉽고 효과적이며 기동성이 있지만 진행자 이외의 다른 사람이 사용하면 몹시 어색하다. 마이크에 브랜드 이미지를 넣어 사용할 수 있다.
- 라발리에 마이크는 클립 또는 라펠 마이크라고도 불린다. 인터뷰 주인공의 옷깃에 부착하는 작은 마이크이다. 흔히 스튜디오 촬영이나 인터뷰를 할 때 사용한다. 매우 정교해 보이며 카메라와 무선으로 연결된다. 그래서 카메라와 멀리 떨어져 말을 할 때 유용하다.
- 집음 마이크는 카메라 위에 장착하는 소형부터 막대 끝에 매달아 사용하는 대형까지 사이즈가 여러 가지다. 이 마이크는 용도가 다양하며 매우 저렴하다.

조명

조명 장치가 없다면 전적으로 촬영하는 곳의 밝기에 의존해야 한다. 카페의 무드 있는 조명은 카메라에는 지나치게 어두울 수 있다. 그러니 조명 장치에 약간의 투자가 필요하다. 카메라 위에 장착할 수 있는 작은 조명을 구할 수도 있지만 이는 파파라치가 찍은 화면처럼 보이기 쉽다. 풀사이즈 조명은 매우 크고 부서지기 쉽다. 그래서 이동성이 떨어진다. 다양한 종류가 있으니 잘 고려해서 구입한다.

- 어떤 타입의 조명을 원하는가? 이야기를 만들어 촬영한다면 자연 조명 효과를 낼 수 있는 것이 좋고 뉴스 리포터라면 최대한 밝은 조명을 선택하는 것이 좋다.
- 조명 장치의 휴대 편의성은 어느 정도를 원하는가?
- 조명 장치의 높이는 어느 정도가 적당한가? 사람들을 자주 인터뷰할 목적이라면 키 높이 정도가 좋지만 이동성은 떨어진다.

카메라 위에 장착하는 작고 저렴한 조명이라도 없는 것보다 낫다. 그러니 카메라 가방에 하나 정도는 담고 다니는 것이 좋다.

헤드폰

헤드폰이 없다면 소리의 수준이 영상에 적합한지 알 수가 없다. 마이크에 소리가 지나치게 크게 들어올 수도 있고 사람의 말소리가 너무 작을 수도 있다. 헤드폰이 없다면 영상을 편집할 때까지 기다려야 소리 수준이 정확한지 알 수 있고 예상치 않았던 결과에 충격을 받을 수도 있다.

편집 소프트웨어와 컴퓨터

촬영을 마치면 영상을 편집해야 한다. 분명히 성능이 좋은 컴퓨터

디지털 콘텐츠는
처음입니다만

가 필요하다. 특히 강력한 비디오 카드가 필요하다. 랩톱이든 데스크톱이든 상관없지만 성능이 충분한지 확실히 살핀다. 매우 간단한 편집만 할 예정이라면 일반적인 컴퓨터로도 가능할 테지만 애니메이션이나 높은 품질의 영상을 동시 작업하려면 컴퓨터가 버벅거릴 수 있다. 평균 이상의 성능을 가진 비디오 카드와 램^{RAM}이 장착되어 있는지 확인한다. 편집 컴퓨터의 가장 중요한 요소다.

선택적 추가 기기들

다음은 유용하게 사용할 수 있는 추가적인 기기들의 목록이다.

- '고프로 액션캠'은 작은 사각형 모양으로 어느 곳에든 부착할 수 있게 만들어졌다. 익스트림 스포츠 팬들이 스노보딩이나 스카이다이빙을 하는 동안 장착하는 용도로 매우 대중적으로 쓰인다. 비싸지 않고 다양한 용도로 쓸 수 있다.

- 드론은 정말 놀라운 고공 촬영이 가능하다. 드론으로 가능한 촬영을 예전에는 헬리콥터를 대여해야만 했다. 드론을 사용하려면 많은 나라에서 드론 자격증이 있어야 조종할 수 있다. 그러니 자신이 사용할 수 있는지 여부를 먼저 확인해라.

- 원형으로 360도 촬영할 수 있는 카메라는 이동하며 모든 광경을 촬영할 수 있다. 액션캠과 마찬가지로 그렇게 비싸지는 않고 쌍방향 영상을 찍을 수 있다. 360도 양방향 영상을 위해 이를 드론에 부착할 수도 있다. 흔히 가상현실 헤드셋을 위한 영상을 찍기 위해 사용한다.

- 다양한 렌즈는 DSLR 촬영을 위해 중요하다. DSLR은 촬영에 따라 변화를 주기 위해 여러 종류의 렌즈가 있다. 풍경을 와이드 앵글로 촬영한 후 무언가를 상세한 이미지로 근접 촬영할 수도 있다.
- 달리[Dolly] 장비는 부드러운 수평 이동 영상을 찍을 수 있게 해준다. 작은 형태로 출시되어 있기는 하지만 그래도 휴대가 용이하지는 않다. 달리로 촬영한 화면은 전문가가 찍은 것처럼 보인다. 그래서 시도해볼 가치가 있다.

스마트폰 기기

영상을 제작하기 위해 스마트폰을 사용하기로 결심했다면 영상의 품질을 높이기 위해 구매를 고려할 몇 가지의 장비들이 있다.

- 카메라 후면에 부착하여 화질을 개선할 수 있는 카메라 렌즈.
- 핸드헬드 스테디캠은 영상을 흔들리지 않게 해준다. 보다 고기능의 장비는 얼굴을 추적하는 기능이 있어 인터뷰 촬영 같은 경우에 유용하다. 특히 생중계 영상에 탁월한 효과를 발휘한다.
- 보조 배터리는 필수다. 스마트폰 배터리는 아직 파워가 충분하지 않아 동영상 촬영의 경우 빠르게 지속 시간이 줄어든다. 특히 생중계의 경우에는 더 그렇다.
- 삼각대 역시 인터뷰나 긴 시간 촬영 시에 유용하다. 스마트폰을 위해 디자인된 상품이 다양하게 출시되어 있다.
- 신호 증폭기는 와이파이가 터지지 않는 곳에서 생중계를 원한다면 반

드시 필요하다.

• 마이크로폰은 핸드폰에 내장된 마이크에 비해 월등한 성능으로 영상
에 도움이 된다.

생중계의
장점과 단점

지난 몇 년간 생중계 영상의 인기가 폭발했다. 특히 페리스코프[미국에서 개발한 생방송 스트리밍 애플리케이션으로 2015년 1월 트위터Twitter가 인수함-옮긴이]와 페이스북 라이브의 역할이 컸다. 이제 누구나 자신의 스마트폰으로 전 세계를 향해 방송할 수 있다. 사전 제작된 영상에 비해 훨씬 더 생생한 느낌으로 구독자들에게 인기를 끈다. 영상을 통해 사람들과 상호 대화할 수 있고 일반적으로 시청 시간이 더 길다.

어찌 됐든 생중계 영상은 본연의 장점과 도전 과제를 가지고 있다. 가장 확실한 한 가지는 생중계 화면은 방송 도중에 조작할 수 있는 여지가 적다는 것이다. 그럼에도 불구하고 생중계 영상은 반드시 만들어야 될 기본 중의 하나다. 상호 간의 이익이 충돌하는 상황에서 무언가를 설명해야 할 필요가 있다면, 구독자들로부터 요청이 있든지 아니면 사건의 주체이든지, 상황을 생중계하는 것이 많은 경우 최선의 선택이다. BBC 같은 많은 콘텐츠 신생 공급업자들이 Q&A 영상을 정기적으로 생중계하면서 소속 기자들이 팔로워들의 새로운 뉴스에 대한 궁금증에 답할 수 있는 자리를 마련하고 있다. 또한 다른 TV 프로그램과 마찬가지로 매일 저녁 '시간을 정해 시청할 수 있는' 예약된 생중계 방송을 하고 있다.

생중계 방송의 장점과 단점은 무엇일까? 그리고 어떻게 하면 실수를 피할 수 있을까?

생중계 방송의 장점은 다음과 같다.

- 소셜 네트워크들이 여기에 중점을 두고 있다. 이는 자신의 생중계 영상이 다른 형태의 콘텐츠에 비해 더 많은 사람과 만날 수 있다는 것을 의미한다.
- 이는 자신의 구독자들과 상호 교감할 수 있게 해준다. 구독자들은 의견을 교환하고 질문을 하고 다른 사람들이 무슨 말을 하는지 볼 수 있다. 생중계 영상을 계획할 때 양방향 통신이 가능하다는 점을 고려해라. 그리고 사람들의 질문과 댓글에 답변할 준비를 해라.
- 보다 진실된 영상이다. 콘텐츠가 무제한으로 공급되는 세상에서 생중계는 동시적이고 조작이 없다는 점에서 독보적이다. 흔히들 최대한 매끄럽게 만들어야 잘된 영상이라고 잘못 생각한다. 관건은 얼마나 진실한 영상인가이다. 생중계는 이 목적을 쉽게 이뤄 준다.
- 바이럴한 효과를 빠르게 얻을 수 있다. 즉각적으로 사람들은 생중계 영상을 친구들과 공유한다. 파급 효과가 큰 내용의 영상은 정말 빠르게 공유된다.

생중계 영상의 단점들은 무엇인가?

- 자신의 의도에 맞추어 편집할 수 있는 여지가 없다. 즉각적으로 방송된다. 이는 많은 사람들을 불안하게 한다. 촬영에 임하는 모든 사람들에게 준비를 시켜라. 촬영 현장을 가능한 한 통제 가능하게 만들되 전체적으로는 편안하게 임해라. 구독자는 영상이 생중계된다는 사실과 사전 제작 영상과는 다르다는 것을 인지하고 있다.

- 카메라를 설치한 후 자리를 잡고 하는 인터뷰와는 달리 매우 어설퍼 보일 수 있다. 생중계라는 것을 인식하지 못하는 일부 사람들은 스마트폰만을 들이대며 촬영하는 모습을 이해하지 못하거나 몹시 당혹해 할 수도 있다. 왜 복잡하고 커다란 장비들이 필요 없는지와 생중계되는 영상의 중요성을 설명해라.

- 와이파이 연결망이 없다면 지역 전화망을 이용해야 한다. 약한 신호는 저화질의 영상을 의미하거나 아예 생중계 자체가 불가능한 경우가 많다. 자신만의 핫스팟을 설정하거나 신호 증폭기를 사용하여 이를 해결할 수 있다.

CNN 인터내셔널
비벡 켐프

CNN 디지털 월드와이드의 책임 프로듀서다. CNN은 저널리즘 관련 힘 있는 스토리텔링과 창의성으로 명성을 구축했다.

나는 생계를 위해 무슨 일을 하고 싶은지를 몰랐다. 소매점에서 일한 경험이 있지만 앞으로의 커리어에 대한 계획은 전무했다. 하지만 중앙아메리카로 배낭여행을 다녀온 뒤 생각이 바뀌었다. 나는 여행 경험을 모두 일기에 기록했다. 그러던 어느 날 과테말라의 한 인터넷 카페에서 친구를 향해 몸을 기울이며 말했다.

"컬럼비아대학에 가서 저널리즘 학위를 받고 싶어."

미디어의 세계에 대해 아무것도 몰랐지만 내가 무언가 쓰기를 원하고 이야기하는 것을 즐긴다는 사실을 알았다. 이후에 2005년에 석사 학위로 졸업했다. 네이플스 데일리 뉴스에 사건기자로 입사해 부두교 성직자부터 수채화 화가로서 마릴린 맨슨의 재능까지 모든 것을 다루었다. 플로리다는 기이한 이야기를 찾기에 좋은 지역이다. 신문사에서 2년 반을 지낸 후 미디어 업계의 기회가 디지털에 있다는 것을 확실하게 알았다. 글을 쓰는 작가에게도 비디오를 제작하는 법은 필수가 되었다.

뉴욕《에스콰이어》지에서 글을 쓸 수 있기를 소망하면서 뉴욕의 미디어 세계에 발을 담그기 위해서는 새로운 이야기를 프린트, 오디오, 영상 어떤 형태로든 제작하고 편집할 줄 알아야 한다는 점을 깨달았다. 이를 위해 신문사를 그만두고 NBC 방송국 국제 뉴스 데스크의 보조 편집자의 일을 구했다. 데스크 팀에서 뉴스 속보를 모니터링하는 일을 하면서 비디오카메라를 빌려 개인 시간을 투자했고 촬영과 편집하는 법을 독학했다. 마침내 나는 이야기들을 콘텐츠로 만들어 쇼프로그램에 내보내기 시작했고 이런 기술들을 토대로 나는 데일리라는 뉴스 스타트업에서 영상 프로듀서가 될 수 있었다. 수백 개의 독창적인 이야기들을 제작하는 놀라운 세월을 몇 년 보낸 뒤에 경제 전문 월간지《패스트 컴퍼니》에서 영상 부서를 만들기 위해 배를 옮겨 탔다. 그리고 3년 전에 CNN이 내게 제안을 해왔다.

지금껏 개인 카메라를 소유해 본 적이 없다는 점을 강조하고 싶다. 영상에 관해 배우는 것은 이를 만드는 것만큼 힘들다. 무언가 배우기를 진심으로 원하면 길을 찾을 수 있다. 내 열정을 격려해 주는 사람들을 만날 수 있었던 것은 내겐 행운이었다. 내가 더 젊었을 때나 지금이나 마찬가지다. 프로듀서들은 시간을 들여 카메라를 내게 넘겨주며 '새로운 시도를 해봐'라고 말할 필요는 절대 없었지만 그들은 그랬다.

영상이든, 인포그래픽이든, 사진 갤러리든 기사 형식이든 디지털 미디어의 힘은 이야기를 전달할 방법이 무척 많다는 점이다.

지금까지 자신의 길을 선택하고 그 길의 잠재력을 최대한 이용하는 것과 관련된 이야기들을 해보았다.

영상을 만들 때
주의할 점

다음은 디지털 영상을 만들 때 사람들이 흔히 저지르는 실수들에 대해 적었다.

도입부가 길다

로고로 시작하는 영상을 몇 개나 보았는가? 그리고 5초 후에 제목 화면이 나온다. 그런 후 다시 5초 뒤에 다른 제목이 나온다. 그때쯤 95퍼센트의 구독자들이 실제 영상은 보지도 않고 시청을 멈춘다.

디지털 영상은 독자들의 관심을 끌 수 있는 흥미진진하고 강렬한 화면으로 시작해야 한다. 소셜 미디어 뉴스피드를 스크롤하다 보면 볼 수 있는 콘텐츠가 넘쳐난다. 그래서 주목을 끄는 첫 화면이 필요하다.

TV를 기준으로 삼는다

회사에서 비용을 많이 들여 만든 와이드스크린 TV용 호화로운 6

분짜리 광고는 디지털 플랫폼에서 전혀 효과를 발휘하지 못한다. 대부분의 사람들이 스마트폰을 통해 시청한다는 사실을 명심한다. 이상적인 영상은 수직의 사각형 화면이다. 마케팅을 위한 경우 지나치게 윤색된 영상 또한 별 효과가 없는 경우가 많다. 만약 스토리텔링을 원한다면 아름다운 영상이 중요하지만 사람들의 시선을 방해하지 않도록 화면을 최대한 정돈되게 만들어 작은 화면에서도 '노래'할 수 있게 해라.

음소거 상태를 고려하지 않는다

방송용으로 제작된 영상에 비해 디지털 영상은 이야기를 전달하는 데 자막과 소제목들에 더 많이 의지한다. 대부분의 디지털 영상은 음소거 상태로 본다. 그래서 화면에서 말이 나올 때마다 자막을 사용할 필요가 있다.

지나치게 생각이 많다

불안정하고 거칠며 완성도가 떨어지는 화면이지만 매우 흥미진진한 내용의 멋진 영상이 있다면 구독자와 공유해 볼 가치가 있다. 흔히 영상을 계획하면서 지나치게 생각이 많아지는 경향이 있다. 물론 준비를 잘하면 촬영이 순조롭게 흘러가겠지만 독일 군사전략가 헬무트 폰 몰트케(독일의 군인으로 근대적 참모제도의 창시자이며 프로이센-오스트리아 전쟁, 프로이센-프랑스 전쟁 등을 승리로 이끌며 활약하였다-옮긴이)가 말했듯이

"어떤 전투 계획도 적과의 실제 교전 시에는 변경하지 않을 수 없다."
일은 계획한 대로 흘러가지 않는다. 하지만 수단을 가리지 말고 자신의 능력을 최대한 발휘해서 가장 흥미로운 영상을 만드는 데 집중해라. 그러면 좋은 결과를 만날 수 있다.

이번 연습은 두 부분으로 나뉜다. 첫 번째 부분은 언제든지 할 수 있지만 지금 당장 실행할 것을 추천한다. 두 번째 부분은 표준적인 영상, 편집 장비가 필요하지만 이들을 구할 수 없다고 낙담하지 마라. 앞부분에서 설명했듯이 자신의 스마트폰으로도 충분히 찍을 수 있다.

PART 1

자신의 소셜 미디어 피드를 살펴보고 눈길을 끄는 영상을 몇 개 저장해라. 무엇이 흥미로웠는가? 제작자가 어떻게 그 영상을 만들었다고 생각하는가? 영상을 공식적인 촬영으로 주의 깊게 만들었을 수도 있고 그저 핸드폰 영상을 공유했을 수도 있다.

또한 그 영상을 자신이 주목하게 만든 감정적 연결고리는 무엇이었는지 생각해 보라. 무엇이 감동적인가, 웃기는가? 새로운 것을 배웠는가?

상세한 스토리텔링을 위해서 위 질문을 반복한다. 흥미를 끄는 기사 형식의 온라인 다큐멘터리를 찾아보고 다시 이야기의 핵심이 무엇인지 생각해라. 어떤 계획과 무슨 장비가 필요했을지, 무슨 내용이 자신을 흥미롭게 했는지를 살펴보라.

일단 이를 수차례 반복하고 나면 특정 패턴이 있음을 눈치 챌 것이다. 어떤 종류의 영상이 자신을 흥미롭게 하는지 그리고 제작의 난이도는 어떨지를 생각하는 데 이 정보를 활용할 수 있다. 그런 후 이 정보를 활용해 앞으로 어떤 유형의 영상을 만들지를 계획해라.

이제 필요한 장비를 구할 수 있다면 두 번째 연습으로 넘어갈 수 있다. 확실치 않다면 영상제작 관련 설비를 보유하고 있는 지역 대학에 문의해 보고 방문한다.

PART 2

기본적인 카메라와 편집 장비를 사용할 수 있다면 간단한 영상을 몇 개 만들어 보라. 다음은 여러 가지 유형/주제의 모범적인 영상 목록이다. 일단 자신감이 생기면 앞으로 구직 활동에 사용할 수 있는 강력한 영상 포트폴리오를 만들 수 있다.

- **인터뷰:** 흥미로운 이야기를 할 수 있는 대상을 찾아라. 자리를 마련하고 인터뷰를 녹화해라. 많은 원본 영상을 갖게 될 것이다. 그런 후 이를 잘라서 몇 분 길이의 영상으로 편집해라. 이를 통해 간단한 촬영 준비에 대해 배울 수 있고 편집 관련 판단력을 시험해 볼 수 있다. 무엇을 배웠는가? 영상이 이야기를 명확하게 전달하는가?
- **누군가 커피를 만들고 있다:** 이상하게 들리겠지만 동네 카페에 가서 커피를 만드는 장면을 촬영할 수 있는지 문의해라. 목적은 논리적 순서에 따른 촬영의 중요성을 배우는 것이다. 시각적으로 멋진 영상이 될 수도 있고, 창의적인 촬영에 대해 많은 것을 배우며 한 편의 비디오를 멋지게 편집할 수도 있다. 이를 카페에 선물할 수도 있다!
- **익스플레이너:** 앞에서 복잡한 내용을 최대한 간결하게 설명해야 하는 연습이 있었다. 이제 도전 과제는 영상을 이용해 복잡한 내용을 설명하는 것이다. 이야기를 어떻게 가장 잘 전달할 수 있는지에 대해 주의 깊게 계획해라. 누군가를 인터뷰해야 하는가? 그래픽을 사용하면 나을까? 추가 촬영을 계획해야 할 수도 있다. 다른 두 연습에 비해 촬영 계획에 대해 더 많은 것을 배울 수 있을 것이다.

위의 비디오들을 만들고 완성도에 만족한다면 쇼릴에 올릴 이상적인 영상을 갖게 된 것이다. 또한 이제 어떤 주제를 선택할 것인지, 어떻게 다음번에는 영상을 개선할 것인지, 무슨 장비를 사용할 수 있는지 등을 배웠을 것이다. 다른 사람들과 공유하기 위해 비메오나 유튜브 같은 사이트에 영상을 올릴 수도 있다.

PART 04

그래픽 디자인,
사진 그리고
오디오

_ 구직 가능성을 높이기 위해 다른 종류의 콘텐츠 기술을 배운다.

_ 오디오는 간과하기 쉽지만 매우 중요하다.

_ 사진 제작은 영상보다 배우기 쉽다.

다양한 방식의 콘텐츠로
이야기하라

지금까지 충실히 따라왔다면 효과적인 영상과 글로 이뤄진 콘텐츠란 과연 무엇인지 이해했을 것이다. 힘 있는 사진과 음성으로 된 스토리텔링 그리고 세련된 그래픽 디자인으로 콘텐츠를 종합적으로 완성할 수 있다. 이런 종류의 기술들을 익히면 자신이 좋아하는 방식으로 디지털 콘텐츠를 만들어 이야기를 전달할 수 있다(대개는 여러 형식들을 섞어서).

한 장의 사진이
천 마디 말보다 낫다

　요즘은 고성능 카메라가 내장되어 있지 않은 스마트폰을 찾아보기
가 힘들어졌다. 디지털 카메라가 등장하면서 사진은 누구에게나 친
숙해졌고, 스마트폰의 유행으로 전에 없던 많은 사람들이 고화질의
사진을 찍을 수 있게 됐다.

　웹 사이트와 소셜 네트워크에 자신이 찍은 사진을 자랑할 수 있어
서 더욱 인기를 끈다(가장 잘 알려진 사례는 인스타그램). 한 장의 사진이 천
마디 말보다 낫다는 옛말은 구독자의 관심을 끌기가 정말 어려운 디
지털 플랫폼의 세계에서도 통하는 진실이다.

　옛 필름 카메라든 현대의 스마트폰이든 좋은 사진을 찍는 기본 원
칙은 똑같다. 이런 기본적인 기술을 배우면 디지털 세상에서 의사소
통을 보다 잘할 수 있는 잊히지 않는 사진을 찍을 수 있다. 감동적인
사진은 쉽게 연습할 수 있는 정말 유용한 기술이다.

　영상은 스토리텔링을 위한 강력한 수단인 반면, 제작 과정이 간단
하지 않고 시간이 들어간다. 또한 대체로 다른 콘텐츠에 비해 많은 장
비가 필요하다. 그러나 사진은 스마트폰 하나만 있으면 정말 아름다

운 사진을 찍어 그 즉시 세상에 선보일 수 있다.

카메라는 오늘날의 디지털 환경에서도 절대적으로 자기 자리를 차지하고 있다. 스마트폰에 내장된 카메라가 놀라운 성능을 가지고는 있지만 적절한 렌즈들을 가지고 있지는 않다. 핸드폰 카메라는 확대 촬영 기능이 한정되어 있다('줌' 기능이 있어도 단지 사진을 잘라 확대하는 것일 뿐이다. 이는 화질의 감소를 의미한다.). 반면에 카메라는 최고화질의 사진을 찍을 수 있고 여러 가지 부가 장치들의 장착도 용이하다.

마케팅 업계에서 일하고 싶다면 사진이 어떻게 브랜드를 홍보할 수 있는지 이해하는 것이 중요하다. 모든 이미지를 일관된 스타일과 분위기로 제작하면 단어 한 줄 섞지 않고 브랜드의 메시지를 전달할 수 있다. 그리고 영상 부분에서 다뤘듯이 성인들의 독서 수준이 일반적으로 매우 낮은 관계로 시각적 이미지는 메시지를 전달하기 위한 필수 수단이라 할 수 있다.

사진 촬영의 기본

사진의 첫 번째 규칙은 아름다운 사진을 위한 규칙은 없다는 것이다. 강력한 이미지 촬영을 위한 가이드라인과 지침들이 있지만 궁극적으로 모든 경우에 따라야 할 엄격한 규칙은 없다. 내키는 대로 창의적으로 찍어라. 하지만 다음의 가이드라인은 앞으로 촬영할 사진의 품질을 올려 줄 간단하지만 강력한 기법들이다. 대부분의 요즘 카메라는 노출과 조리개와 같은 설정들을 조절할 수 있다. 이런 기능들이 있어 제대로 된 사진을 찍을 수 있다.

길잡이 선

시각적 '여행'을 할 수 있는 사진들은 정말 아름답다. 눈길이 자연스럽게 따라가는 길이나 복도를 생각해 보자. 대상을 한정하지 말고 건축물이나 연속된 창문들, 악어 등 쪽의 융기 무늬와 같은 자연물들을 포함해 보는 이의 시선을 길잡이 해주는 이미지를 상상해 본다. 길잡이 선은 간단한 기법이지만 여러 가지 방법으로 사용할 수 있어서 배워 놓으면 쓸모가 많다.

다음의 사진은 휴가 중에 내 핸드폰으로 찍은 것이다. 말 그대로 길잡이 선이 사진을 보는 사람의 시선을 숲속 길로 이끈다.

다음의 사진은 대상을 훨씬 근접 촬영했지만 길잡이 선 같은 효과를 볼 수 있나.

3분할 법칙

3분할 법칙은 아마도 배워야 할 가장 중요한 기법이라 할 수 있다. 대체로 사진을 찍을 때 자연스럽게 대상물이나 사람을 정확히 프레임의 중앙에 맞추지만 그리 멋진 이미지를 만들지는 못한다.

사진의 화면 비율이 어떻든지 세 개의 수직 열과 수평 칸으로 나누어진 총 9분할된 격자무늬를 상상하면 도움이 된다.

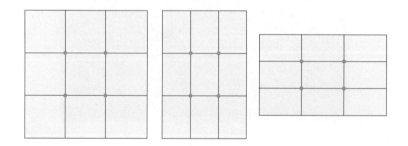

디지털 콘텐츠는
처음입니다만

사진의 중요 부분을 선을 따라서 또는 네 군데의 교차점에 위치시
켜라. 예를 들어 나는 다음의 사진을 3분할 원칙을 사용하여 구성했
다. 사진 속 오른쪽 건물의 꼭대기가 A 선을 따라 위치했다는 것을 알
수 있다. 그리고 호수의 수평선이 B 선을 따라간다.

대개의 사진 앱은 이제 사진을 찍을 때 부가 기능으로 3분할 격자
선을 제공한다. 하지만 일단 3분할 프레임으로 사진을 찍다 보면 이
런 앱의 도움 없이도 금방 익숙해진다.

대칭

사람의 눈은 의식을 하는지와 상관없이 대칭과 패턴에 끌린다. 이 점을 고려하면 쉽게 사람들의 관심을 끌 수 있고 사진을 독창적으로 찍을 수 있다.

자연적으로 발생한 대칭물들을 찾아보고 찍고 싶은 대상을 어떻게 대칭을 활용해 촬영할 것인지에 대해 생각해 보자.

배경 확인

사진을 찍을 때는 멋진 이미지가 나올 것이라 생각하지만 실제 촬영 후 사진을 보면 배경이 주의를 분산시켜 중심 대상이 기대에 미치지 못하게 나올 때가 많다. 이는 평이한 배경이 나오도록 각도를 돌려 찍거나 얕은 심도를 사용해서(배경이 흐릿하게 나오도록) 쉽게 해결할 수 있다. 멜버른에서 찍은 오른쪽 페이지의 사진 빌딩은 뒷배경의 하늘과 대조되어 두드러져 보인다.

배경이 전체적으로 단일한 색이어야 할 필요는 없다. 언젠가 나는 동네 서점을 운영하는 피터 스넬이라는 분을 인터뷰한 적이 있다. 이 사진에서 책들 사이에 앉아 있는 그를 볼 수 있다. 이곳에서 그를 인터뷰했다. 약간 흐릿한 뒷배경이 시선을 그에게 집중하게 만든다.

서두르지 마라

이는 쉽게 해줄 수 있는 조언이지만 지키기는 힘들다. 장비를 설치하고 촬영을 준비할 때 서두르지 말고 여유를 가져라. 사람들을 이동시켜서 더 나은 조명을 찾거나 더 멋진 배경을 만드는 데 조금도 머뭇거리지 마라. 그렇지만 바삐 돌아가는 촬영 현장의 현실 앞에서는 조금 힘든 말이 될 수도 있다.

가깝게 다가서고 수줍어하지 마라

최대한 촬영 대상에 가깝게 다가서라. 스마트폰을 사용한다면 내장 줌 기능은 이미지의 화질을 떨어뜨릴 뿐이다. 대상물에 가깝게 다가설 수 없다면 적절한 줌 렌즈를 사용해야 한다. 또한 사람들을 이동시키는 데 자신감을 가져야 한다. 완벽한 장면을 위해 바보같이 뒤틀린 이상한 자세를 취해야 할 수도 있고 커다란 한 무리의 사람들에게 고함을 쳐야 할 수도 있다. 하지만 최종 목표는 오직 가장 좋은 한 장의 사진이다. 인물 사진을 찍는다면 그들과 이야기를 하고 농담을 나누는 것이 보다 편안하고 자연스러운 사진을 얻는 데 도움이 된다.

많이 찍어라

흔히 대상물을 찍을 기회가 단 한 번뿐인 경우가 많다. 다시 찾을 수 있는 익숙한 대상물을 찍는다 하더라도 최대한 많은 사진을 찍어두는 것이 좋다. 32장이 들어 있는 필름을 사용하던 시대는 지나간 지 오래다. 최대한 많은 가능성을 만들어 놓는 것이 좋다. 종종 의도하지 않았던 즉흥 사진이 마지막 선택을 받는 경우도 생긴다.

장비

열정적인 사진가는 정말 많은 종류의 장비를 구비하고 있다. 안정적인 사진을 찍기 위해서 삼각대는 필수이고 어둠 속에서는 플래시가 필요하다. 하지만 어떤 카메라를 선택할지는 어떻게 알 수 있을까?

• 스마트폰으로 고화질의 사진을 찍을 수 있다. 그리고 이를 바로 소셜 미디어에 공유할 수 있고 대체로 내장 플래시도 갖추고 있다. 또한 스마트폰은 아주 흔한 대중적인 기기이고 사용하기가 매우 쉽다. 만약 앞으로 디지털 콘텐츠 프로듀서로 이뤄진 팀을 만든다면 이를 잘 이용할 수 있다. 항상 문제를 쉽게 해결할 수 있는 1순위 대안이다.

스마트폰은 두 가지 큰 단점이 있다. 첫째는 적절한 줌 기능이 없다는 점이고 둘째는 배터리 지속 시간에 한계가 있다는 점이다. 영상이나 소셜 미디어와 같은 다른 기능을 사용한다면 배터리는 더 빨리 소진된다. 보조 배터리나 배터리 부스터가 없다면 스마트폰 '카메라'는 무용지물이다.

• 브릿지 카메라는 전문가용이 아니라 입문용이지만 많은 일을 훌륭하게 해낼 수 있다. 그런데 렌즈를 교환할 수는 없지만 다재다능하고 줌이 가능한 렌즈가 달려 있다. 전문가용 DSLR에 비해 가격 또한 저렴하다.

브릿지 카메라를 이용해 저렴한 비용으로 전문가 수준의 사진을 찍을 수 있다. 백업 카메라로도 유용하다. 하지만 당연히 저렴한 가격은 전문가용 카메라처럼 강력한 성능과 융통성은 기대할 수 없다.

- DSLR은 최대한의 가변성과 품질을 보장하는 전문가 수준의 카메라다. 렌즈를 교환할 수 있고 전문가용 액세서리와 호환이 되며 놀라운 화질의 동영상까지 찍을 수 있다.

적절히 사용하기 위해서는 많은 훈련이 필요하고 비용 또한 많이 든다. 교환용 렌즈와 같은 액세서리 비용은 별도다.

머레이 클로스, 사진가

많은 상을 받은 국제적으로 지명도가 있는 사진작가다. 전 세계 많은 갤러리에 그의 작품이 전시되어 있고 개인 컬렉션으로 소장되어 있다. 그는 전문적으로 영화 세트장 사진을 찍었고 많은 영화에서 작업했다. 그가 작업한 영화로는 〈위드네일과 나〉, 〈쥬라기 공원〉, 〈해리 포터〉, 〈헝거게임 시리즈〉, 〈미션 임파서블〉 등이 있다.

나는 35년 전에 스탠리 큐브릭과 워너브라더스 영화사와 함께 작업하며 이 일을 시작했다. 전체 작업을 모두 디지털로 촬영한 첫 번째 프로젝트는 〈해리포터와 불의 잔〉이었다. 그 당시에 스튜디오들은 필름에서 디지털로 변화하는 데 주저하고 있었다. 디지털을 온전히 이해하는 사람이 아무도 없었기 때문이다. 그들은 정말로 '원본 필름'에 집착했다. 원본이라는 개념은 존재하지 않는다고 설명하는 것이 정말 힘들었다. 디지털로 작업하면 원하는 개수만큼의 원본을 만들 수 있다. 그들을 설득하는 데 도움이 된 점은 디지털이 더 나은 작업 결과를 보였다는 것이다. 특히 약한 조명 속의 환경(영화 세트장에서 흔히 발생하는)에서 월등했다. 그래서 〈해리포터와 불의 잔〉에서 우리는 세트장에 디지털 작업실을 만들고 스스로 모든 것을 처리했다. 고작 10년 전이지만 믿을 수 없을 만큼 구식이었다. 지금은 훨씬 간단해졌다. 디지털이 모든 일을 얼마나 쉽게 만들었는지 정말 놀랍다.

필름촬영을 이제 더 이상은 할 수 없다. 비용이 지나치게 많이 들기 때문이다. 필름 촬영 자체에 무슨 문제가 있는 것은 아니다. 나는 아직도 재미로 개인 취향의 필름 사진을 찍지만 디지털이 도입된 이후 전통적인 사진 작업실은 종말을 고했다.

　사진과 더불어 디지털 후반 작업의 출현은 보조 도구의 역할이 아니다. 어떤 기술이 곤란한 상황에서 벗어날 수 있게 도와주거나 보조 도구로써 사용할 수 있다면 좋은 일이다. 폴라로이드 촬영은 보조 도구라 부를 수 있다. 하지만 디지털 후반 작업은 사진작가의 작업량을 엄청나게 증가시켰다. 왜냐면 지금은 일반인도 손쉽게 사진 작업을 할 수 있기 때문이다. 나는 촬영한 모든 사진을 수정하고 분류하는 데 라이트룸Lightroom(어도비 사의 비파괴 방식으로 사진 보정에 특화된 프로그램-옮긴이)을 쓴다. 계약상 그럴 의무는 없지만 고객이 원하는 정확한 이미지를 만들 수 있게 도와준다. 이는 내가 원하는 이미지의 문제가 아니다. 사진감독과 협업을 하면서 대상물의 사연과 어울리는 이미지를 만들어야 한다.

　이제 사진학교 출신들은 모두 후반 작업과 관련된 숙련된 기술들을 가지고 있다. 후반 작업은 사진 자체와 더불어 필수 기술이 되었다. 최고의 포토샵 예술가가 될 필요는 없으나(나는 형편없는 실력을 가지고 있다) 시작하는 모든 이에게 필요한 기술이다. 가끔 뛰어난 사진가들을 만나기도 하지만 그들은 후반 작업을 위해 컴퓨터 앞에서 지나치게 시간을 많이 쓴다.

　지난 몇 년간 사진가 일을 시작하는 데 드는 실제 비용이 많이 늘었다. 이제 파일들을 처리하기 위해 강력한 랩톱과 아마도 데스크톱 또한 필요할 것이다. 내가 시작할 때에는 카메라 몇 대와 노출계, 네

개의 렌즈와 가방이 전부였다. 지금은 더 많은 장비들을 필요로 한다.

모든 사진가들은 스마트폰을 사용하고 이를 통해 훌륭한 이미지를 얻을 수 있다. 내 짜증거리 중 하나가 관광지 같은 장소에서 사람들이 스마트폰으로 의미 없는 사진을 찍는 장면을 보는 것이다. 아마도 구도의 기본 정도는 알고 있을지 몰라도 사진에 대해 진지하게 임한다면 체계적인 학습이 필요하다. 자신의 사진이 어디서 잘못됐는지를 찾아보면서 배울 수 있다. 나는 사람들에게 카메라 설정을 자동으로 하여 사진을 찍으면 안 된다고 말한다.

나는 프린트된 포트폴리오를 가지고 있지 않기 때문에 내 웹 사이트를 꾸준히 업데이트하고 있다. 이는 번듯하고 효과가 좋다. 사진가들이 바로 돈을 투자해야 하는 곳이다. 자신의 사이트는 자신의 가게이자 명함이다. 플리커나 인스타그램은 자신의 작품을 팔기에 좋지만 그곳으로부터 일을 얻지는 못한다.

미국의 SF 드라마 〈센스8〉을 촬영할 때 광적인 팬들이 내 인스타그램을 팔로잉했다. 소셜 미디어 채널은 영화 제작사 입장에서 정말 중요하다. 이전에 그들은 내 사진을 최대한 오랫동안 비밀에 붙였다. 이제는 다른 세상이다. 〈센스8〉은 자주 촬영장의 이미지를 5장에서 10장 정도 미리 공개해서 사람들의 흥미를 불러일으키려 한다. 만약 제품을 마케팅하거나 판매를 시도한다면 이런 채널들이 도움이 많이 된다. 이런 채널들에서 사람들은 프로그램에 대해 떠들고 웅성거린다. 또한 소셜 미디어에서 거대한 구독자를 보유한 인플루언서들을 많은 TV 프로그램과 영화들에 초청하여 홍보에 이용한다.

전문 사진작가의 길을 가기로 결심했다면 이제 시장이 많이 달라졌다는 사실을 알아야 한다. 예를 들어 스포츠 관련 사진가의 세계는 패션계의 그것과는 완전히 다르다. 배워야 할 기술들이 너무 많기 때문에 교육을 제대로 받는 것이 중요하다. 그렇더라도 훌륭한 온라인 과정들이 있기 때문에 독학도 가능하다. 자신이 추구하는 분야의 선험자들에게 조언을 구할 수 있다면 최고의 방법이다. 전문 분야에 도전하는 것이기에 누군가 '여기에 비결이 있어. 이렇게 하는 게 방법이야'라고 얘기해 준다면 많은 시간을 절약할 수 있다.

나는 자기 자신보다 고객을 위한 포트폴리오를 만들어야 한다는 점을 마음에 깊이 새기며 일하고 있다. 시장을 이해하고 있어야 한다. 〈해리 포터〉의 경우 나중에 장난감으로 사용될 수 있는 사진을 찍어야지 마틴 스콜세지 영화처럼 촬영하면 안 된다.

이번 연습을 위해 앞에 소개한 기술들을 섞어 일련의 사진들을 촬영해 보자. 무엇으로 찍든 상관없다. 스마트폰을 사용해도 괜찮다. 먼저 이미지를 통해 어떤 분위기나 이야기를 전달하고 싶은지를 결정해라. 거기에 따라 어떻게 사진을 찍을지가 바뀔 수 있다.

촬영한 사진들은 인스타그램이나 플리커에 올려 피드백을 받아 보자. 여러 사람들이 내가 올린 사진을 평가할 수도 있다. 그리고 당신도 맘에 드는 10장의 사진을 추린 후 왜 그것을 선호하게 됐는지 체계를 세워라.

앞에 소개한 규칙들을 따르고 있는가? 자신도 따라 시도할 수 있는 스타일이나 기법들이 있는가.

일단 장비가 있으면 어디서나 사진을 연습할 수 있고 빠르게 자신만의 기술을 쌓을 수 있다. 구직 활동에 도움이 되는 기술일 뿐만 아니라 여러 군데에 활용할 수 있고 무엇보다도 엄청 재미있다.

영상과는 또 다른
오디오의 매력

　텔레비전, 인터넷 그리고 스마트폰의 발명에도 불구하고 라디오와 오디오는 여전히 대중적인 인기를 유지하고 있다. 디지털에 관해 이야기할 때 오디오는 비디오나 그래픽 디자인과 같은 다른 유형의 콘텐츠에 비해 폄하되곤 한다. 때때로 이런 이유 중 하나는 광고 때문이다. 영상 광고의 보수가 더 크다. 그러나 오디오는 다른 유형의 콘텐츠에 비해 큰 장점이 있다. 다른 일을 하면서도 이를 즐길 수 있다. 무인 자동차의 시대가 오기 전까지는 운전 중에 글을 읽거나 영상을 볼 수(안전하게)는 없다. 다운로드받아 언제든지 들을 수 있는 팟캐스트는 시작된 이래 인기가 계속 오르고 있다. 특히 시리얼(볼티모어에서 발생한 한인 여고생 피살사건을 다룬 인기 팟캐스트-옮긴이) 같은 팟캐스트가 나오면서 대중성은 더욱 커졌다.

　소셜 미디어 네트워크 또한 오디오의 중요성을 부각시킨다. 페이스북은 2016년 말에 오디오 생중계 기능을 추가한다고 발표했다. 스포티파이(상업적인 음악 스트리밍 서비스로 사용자는 스포티파이를 이용하여, 메이저 음반사에서 라이선스한 음악을 스트리밍하여 들을 수 있다. 소프트웨어에 광고가 표시되거나 곡과 곡 사이에 광고가 삽입된다-옮긴이)는 공유 기능이 들어 있고 사운드클라우드(독일 베를린에 본사를 둔 글로벌 온라인 음악 유통 플랫폼이다. 사진에는 플리커, 영상에는 유튜브와 비메오가 있다면 음악에는 이 사운드클라우드가 있다고들 말한다-옮긴이) 같은 사이트는 오디오 공유 기능에 특화돼 있다.

대개 오디오는 영상에 비해 심도 있는 이야기를 전하는 데 더 용이하다. 사람들은 영상에 비해 오디오를 듣는 데 시간을 더 많이 쓴다. 예를 들어 자신의 팟캐스트를 골라 듣는다거나 자신의 현재 상황에서 듣기 좋은 방송을 찾아 듣는다. 경제나 역사적 사건과 같은 시각적으로 표현하기 힘든 주제를 다룰 수도 있다.

오디오는 대개의 경우 캡처가 더 쉽다. 사람들을 인터뷰하고 싶을 때 카메라 장비와 영상은 상대방을 주눅 들게 할 수도 있다. 소리만 녹음하면 상대방은 훨씬 편안함을 느끼고 더 열린 자세를 취한다. 영상에 비해 필요한 장비가 더 적고 시각적인 부분에 대해 걱정할 이유가 없어 확실히 제작하기도 더 편하다.

오디오를 제작하기 위해 필요한 장비는 비디오보다 더 적지만 분명히 소리만으로 사람들의 관심을 끌어올 수 있는 이야기를 만들어내기 위해서는 놀라운 기술들이 많이 필요하다. 만약 라디오 방송국 같은 오디오를 전문으로 다루는 곳에서 직업을 구하려 한다 하더라도 다른 종류의 콘텐츠 기술을 무시해서는 안 된다. 영상을 제작하는 것은 자기 역할에서 큰 비중을 차지할 수 있고 오디오 스토리텔링을 아름답게 보완해 줄 것이다. 레코딩 현장에서 찍은 사진들로 오디오는 더 강력해질 수 있다. 오디오 위에 사진을 추가하기 위해 비디오 편집 소프트웨어를 사용할 수도 있다. 이렇게 하면 영상 콘텐츠가 된다. 각 콘텐츠 유형에 대한 기술들은 상호 보완 작용을 한다. 즉, 오디오를 잘 만드는 법을 이해하면 영상 제작에 도움이 된다. 글쓰기를 전문으로 하고 싶다면 오디오의 힘을 이해하면서 자신의 창작물을 소리와 결합시키는 시도를 해볼 수 있다.

오디오 콘텐츠 제작에 필요한 핵심 요령

오디오 전문가가 되기 위해 필요한 중요 기술은 무엇일까? 디지털 플랫폼에서 오디오를 제작하는 것은 믹싱 데스크와 방송법, 그 외에도 더 많은 것들을 이해할 필요가 있는 생중계 라디오 방송과는 많이 다르다. 이 책은 명확히 디지털 오디오 콘텐츠 제작에만 집중한다.

앞으로 가질 일자리에 따라 뉴스에서 짧은 코멘트를 녹화하거나 전체 길이의 프로그램을 녹화할 수도 있고 이벤트에 관한 제작을 할 수도 있다. 재빨리 소셜 미디어를 통해 생중계를 해야 할 때도 있을 것이다. 오디오를 녹화할 필요가 있는 어떤 상황에서도 유용한, 연습해야 될 핵심 기술들은 다음과 같다.

인터뷰 기술

대부분의 오디오 콘텐츠는 다른 누군가에게 이야기를 하는 것과 관련이 있다. 자신이 천성적으로 대화를 잘할 수도 있고 심하게 내향적일 수도 있다. 어느 쪽이든 인터뷰는 일상의 대화와는 다른 준비가 필요하다.

- 인터뷰 상대방으로부터 무엇을 얻으려 하는지를 염두에 둬라. 무슨 질문을 할 것인지, 상대방이 무슨 이야기를 할 것인지에 대해 미리 조사해라. 로드맵을 미리 생각해 둔다. 대화나 질문이 한 가지 방향으로만 고정되어서는 안 되지만, 원하는 결과로 인터뷰를 종결할 수 있어야 한다.

- 누군가를 인터뷰할 때, 5가지 W를 기억한다. 무슨(What) 일이 일어났는가, 누가(Who) 관련됐는가, 장소는 어디(Where)인가, 언제(When) 발생했는가, 그리고 이유(Why)는 무엇인가? 이 질문들은 어떤 이야기에 대해서든 기본 사항을 알려준다.

- 질문을 너무 많이 하지 않는다. 인터뷰 시간이 충분치 않을 수도 있고 질문을 하는 데 시간을 소모해서 충분한 대답을 듣지 못할 수도 있다. 또 사람들의 말을 언제 끊거나 맞장구를 쳐야 하는지에 대해서도 알아야 한다. 하지만 최대한 상대방이 말을 많이 하게 해야 한다는 점을 명심해야 한다.

- 답변을 경청해라. 큰 인터뷰를 녹화하는 일은 몹시 신경이 쓰이는 일이다. 다음 질문에 신경 쓰느라 이미 답변한 내용을 다시 질문하는 실수를 범하지 않는다. 상대방이 답변하는 내용에 집중해서 의례적인 질문을 던지지 않도록 주의한다.

- 녹화하는 장소에 주의한다. 축구 경기장이라면 배경에 군중 소음이나 음악 소리가 깔릴 수 있다. 이런 배경음은 인터뷰에 생생한 현장음으로 작용하겠지만 상대방에 바짝 붙어 서서 녹화한다면 이를 살릴 수 없다. 녹화에 적합한 장소가 아니라면 다른 방이나 위치로 옮기자고 자신감을 가지고 상대방에게 요청해라. 커다란 스피커처럼 가끔은 방

해 요소가 명확하지 않을 수도 있다. 누군가 신경질적으로 펜을 탁자에 두드리고 있을 수도 있고 뒤쪽의 에어컨 소리가 울리고 있을 수도 있다.

스토리텔링

오디오는 매우 친근하고 접근이 용이해서 강력한 이야기를 전달하기 좋은 환상적인 도구다. 하지만 사전 녹화한 오디오와 생중계 오디오는 청취자의 관심을 끄는 방식이 매우 다르다. 오디오 사이트나 팟캐스트의 형태로 공유되는 사전 녹화 오디오는 청취자가 의도를 가지고 선택하는 콘텐츠다. 이는 청취자들이 일정 수준의 인내를 가지고 있다는 의미이고 단계적으로 이야기를 노출해 그들의 흥미를 유지시킬 필요가 있다.

몇 분 또는 한 시간에 걸쳐 이야기를 설명하는 명확한 기승전결 원칙을 따른다. 프로그램이 진행되면서 단계적으로 더 많은 내용을 풀어내는 방식을 취한다. 광고나 판촉용 콘텐츠라면 메시지를 전달하기 위해 매우 한정된 시간이 부여된다. 한 시간 분량의 다큐멘터리 프로그램은 이야기를 전달할 많은 여유가 주어지지만 이 시간 동안 청취자의 관심을 붙들어 맬 수 있는 특별한 기술이 필요하다.

생중계 오디오의 경우는 이와 반대다. 시작부터 청취자의 관심을 끌어올 수 있는 자극적인 고리가 필요하다. 청취자의 마음을 사로잡아 다음에 무엇이 나올지 흥분되고 기대하게 만들어야 한다. 이는 티저가 될 수도 있고 구독자를 생각하게 만드는 질문이 될 수도 있다. 소셜 미디어 영상과 많이 유사하다. 많은 콘텐츠가 넘쳐 나기 때문에 가능한 한 빨리 구독자의 관심을 끌어와야 한다.

또한 영상을 사용하지 않기 때문에 청취자의 마음에 그림을 그릴 수 있는 언어를 사용해야 한다. 이는 글을 잘 쓰기 위해서와 마찬가지로 연습이 필요하다. 짧은 연습으로 재빨리 자신 주변 상황을 묘사해 보라. 그리고 다른 곳에 있는 사람들이 잘 이해하는지 시험해 봐라.

최종적으로 청취자에게 놀라움을 선사하고 싶을 것이다. 지금까지 알지 못했던 것을 알게 해주고 전달하는 이야기에 감동하기를 바랄 것이다. 그러기 위해서는 앞서 이야기한 로드맵을 떠올려야 한다. 청취자가 어떤 여행을 하고 어디서 끝맺음하게 만들지 생각한다.

마지막으로 자신만의 말투를 찾고 개발할 필요가 있다. 이야기를 전달하는 독창적인 길을 찾으면 눈에 띄는 무언가를 만들 수 있고 개인의 명성도 쌓을 수 있다. 자신만의 독특한 말투를 찾는 것은 특히 오디오에서 중요하다. 청취자는 오직 자신의 목소리에만 귀를 기울인다.

소리를 효과적으로 사용하기

오디오 콘텐츠를 만들 때 대화는 이야기의 한 부분일 뿐이다. 정말로 매력적인 작품을 만들기 위해서는 효과음 외에 음악도 필요하다. 녹화하는 장소에 여러 소리가 많다면 이를 아주 간단하게 해결할 수 있다. 만약 축구 경기가 펼쳐지는 장소에서 인터뷰를 한다면 경기장의 분위기를 담고 싶어질 것이다.

청취자가 녹화 장소를 안다고 추정하기 쉽지만 청취자를 혼란스럽게 할 수 있는 콘텐츠 속의 소리는 빨리 설명해야 한다. 다시 축구 경기를 예로 들어 보자. 군중의 함성소리와 함께 시작해서 인터뷰 대상인 스포츠 스타가 말을 하기 시작한다면 청취자가 선수를 모르는 경우에 녹화 장소가 어디인지 알 수가 없다. 이야기를 전달하는 데 소리를 사용하되 무슨 일이 진행되고 있는지를 설명하는 것이 필요하다.

사전 녹화 콘텐츠의 경우에는 로케이션을 통해 오디오를 만들 때 '와일드 트랙'(촬영되는 동시에 녹음되지 않는 사운드 트랙. 보통은 백그라운드 노이즈나 음향 효과를 따로 녹음한다~옮긴이)을 캡처하는 것을 잊지 마라. 목소리가 절대 들어가지 않은 대략 1분가량의 일반적 배경음이다. 이는 두어 가지 이유로 쓸모가 있다.

- 오디오 콘텐츠를 편집할 때 필요한 곳에 삽입할 수 있는 많은 배경음을 갖게 된다.
- 인터뷰는 약간의 편집이 필요한 경우가 많다. 이는 긴 공백이나 실수 또는 중복된 녹음을 없애는 것처럼 간단할 수도 있다. 와일드 트랙이 없다면 청취자는 갑작스럽게 장면이 끊긴다고 느낄 때가 있다. 와일드 트랙으로 끊기는 부분을 보완할 수 있는 지속적 배경음을 만들 수 있다. 편집 기준을 지키는 것은 확실히 중요하다. 그리고 누군가의 말을 잘못 전달해서는 안 된다.

제작할 사전 녹화 오디오 콘텐츠에 관해 마지막 한마디 조언을 하자면 '마스터' 리코딩을 훼손하지 마라. 절대적으로 필요한 경우가 아니면 어떤 편집적 변화도 가하지 마라. 편집되지 않은 원본 오디오를 최대한 빨리 백업하고 사본이 만들어진 이후에 편집을 시작한다. 이런 과정을 생략했다가 편집 중 실수를 했을 때 곤경을 겪을 수 있다. 가지고 있는 유일한 파일에 변경을 가했기 때문이다.

생중계 오디오

생중계되는 콘텐츠는 청취자에게 확실히 동시성과 진실성을 줄 수 있다. 하지만 다른 종류의 생중계와 마찬가지로 위험성 또한 크다. 페이스북 라이브 오디오와 같은 도구는 구독자와 상호 교류할 수 있게 해준다. 마치 전형적인 라디오 전화 연결과 같다. 그렇기 때문에 생중계 오디오 방송은 동시에 많은 것, 즉 인터뷰 자체, 구독자의 반응 아니면 장비들을 신경 써야 하므로 생각보다 복잡할 수 있다.

생중계 방송의 성공 열쇠는 완벽한 준비다. 다음은 고려해야 할 준비 사항들이다.

- **질문:** 조사를 마쳤고 무엇을 질문할지에 대해 자신이 있는가? 답변 내용과 그에 따라 어떻게 대응할지에 대해 예상해 보았는가?
- **사람들:** 인터뷰를 해야 할 사람들을 모두 제 시간에 만날 수 있는가? 여러 명의 게스트를 연달아 만나야 한다면 시간을 조정해 주고 사람들 안내를 도와줄 이를 구했는가?
- **장비:** 배터리는 충분한가? 필요한 모든 장비를 갖추었고 쉽게 조작 가능한가? 가장 중요한 장비의 부품들에 대한 예비품을 준비했는가?
- **환경:** 방송을 방해할 만한 시끄러운 소음이 있는가? 필요하다면 이동할 만한 충분한 공간이 있는가? 대중이 얼마나 소란스러워질 수 있는지 과소평가하지 마라.

- **구독자와 상호 교감하기:** 청취자로부터 들어오는 댓글들에 지속적으로 반응할 수 있는가? 인터뷰 대상자도 팔로워들로부터 질문받는 것을 알고 있는가?
- **백업:** '플랜 B'를 마련해라. 생중계 방송 예고를 광범위하게 했다면 일이 잘못됐을 때를 대비한다. 기다렸던 구독자들을 어떻게 진정시킬 수 있을지를 생각해라.

오디오 콘텐츠 제작에 필요한 장비

영상 콘텐츠에 비해 오디오를 제작할 때 필요한 장비는 훨씬 더 적다. 그리고 세상에는 무료 오디오 편집 앱 또한 많이 나와 있다. 그래서 비싼 소프트웨어를 구입해야 할 필요는 없다. 영상에서와 같이 스마트폰은 오디오를 만들 수 있는 믿을 수 없이 강력한 도구다.

다음은 투자할 만한 장비 목록을 제안해 놓았다.

- **스마트폰:** 스마트폰으로 환상적인 품질의 오디오를 녹화할 수 있다. 내장 마이크로폰은 품질이 우수하고 언제나 몸에 지니고 다닐 수 있는 장점이 있다. 또 소셜 미디어를 통해 생중계를 할 때도 이용할 수 있다.

또한 녹화된 오디오를 클라우드(데이터를 인터넷과 연결된 중앙컴퓨터에 저장해서 인터넷에 접속하기만 하면 언제 어디서든 데이터를 이용할 수 있는 것-옮긴이)로 보내 자동으로 백업 파일을 만들 수 있다. 이렇게 안전장치를 추가로 마련할 수 있다. 핸드폰에서 바로 작품을 빠르게 편집할 수 있는 훌륭한 앱들이 많이 나와 있다. 물론 세부적인 편집 작업은 데스크톱에서 해야 한다.

핸드폰에서 하는 모든 녹화 작업은 배터리를 빠르게 소진시킨다. 그래서 보조 배터리를 준비하면 좋다.

- **스마트폰 마이크로폰:** 스마트폰의 내장 마이크로폰은 매우 좋은 품질이지만 더욱 고기능 제품을 찾을 수도 있다. 시장에는 핸드폰 모델에 쓸 수 있는 다양한 마이크로폰이 출시되어 있다. 어떤 것은 케이블이 매우 길어 누군가를 인터뷰할 때 유용하게 쓸 수 있다.

- **고체 상태 기록기**Solid state recorder**:** 높은 품질의 오디오를 녹음할 수 있는 전용기기를 원한다면 고체 상태 기록기에 투자해라. 이 기기는 용량이 어마어마하고 전문가 수준의 마이크로폰이 내장되어 있을 뿐만 아니라 배터리 수명 또한 훌륭하다. 오디오만을 위해서라면 스마트폰을 사는 비용보다 저렴하다. 그리고 강력한 성능을 자랑한다.

- **소프트웨어:** 생중계 오디오를 방송하는 것이 아니라면 녹화된 자료를 편집해야 된다. 감사하게도 시장에는 무료 편집 앱들이 많이 나와 있다. 오대서티Audacity 같은 경우 매우 강력한 성능으로 기술을 배우는 데 도움을 준다. 이런 소프트웨어들의 사용법을 배우면서 전문 프로듀서들이 사용하는 상업 소프트웨어로 쉽게 옮겨갈 수 있다.

자신은 볼 수 있지만 구독자는 볼 수 없는 상황을 말로 설명하거나 이야기하는 경험을 쌓아야 한다. 이 연습은 일반적인 대화법에도 도움이 되는 방법이다.

어떤 이벤트나 지역을 선택하고 자신의 목소리를 녹화하는 방법으로 방문기를 만들어 본다. 스마트폰으로도 충분히 할 수 있다.

도착하면 오디오 녹화를 통해 이벤트를 설명하면서 하루를 보낸다. 여러 다른 길이로 녹화를 연습한다. 10분 길이의 녹화와 비교하여 30초 길이의 녹화에서는 무슨 일이 진행되고 있는지를 설명하는 방법이 어떻게 다른가?

녹화를 완성했다면 함께 있지 않았던 누군가에게 들려주고 피드백을 구한다. 어떤 일에 대한 내용인지 명확히 이해하는가? 만약 그렇다면 흥미 있게 들리는가?

그런 이후에 녹화 오디오를 다시 들어보고 무엇을 다르게 할 수 있었는지 생각해 보거나 편집을 통해 어떻게 개선시켜 나갈 수 있는지 찾아본다.

디자이너 조나단 하퍼

존 하퍼는 테니시 위스키의 브랜드 잭 다니엘스, 《가디언》, 패션 브랜드 팀버랜드 같은 고객들과 일한 경험이 많은 디자이너다. 그가 경력을 쌓으면서 배운 교훈들에 대해 들려준다.

나는 그래픽 디자인과 커뮤니케이션을 공부했다. 학교를 떠날 때 디자인 회사들의 구조가 어떻게 되어 있는지, 어떻게 일을 하는지 아는 것이 하나도 없었다. 다른 부서들이 어떻게 협업을 하는지나 회계 부서와의 관계, 프로젝트 매니저, 전략 부서와 아티스트들에 대한 이해가 전혀 없었다. 그래서 내 초창기 커리어는 배움의 과정이었다.

졸업 후에 나는 D&AD New Blood 시상식에 내 작품들을 전시할 수 있는 행운을 잡았다. 그곳에서 오길비 광고 대행사의 고참 아트 디렉터가 전시된 내 작품들을 보고 잠깐 대화를 청해 왔다. 우리는 많은 이야기를 나눴고 나는 2주간의 현장실습을 제안받았다. 다행히 2주는 6개월로 연장되었다(6개월간 이전 2년간보다 더 많은 작업을 하는 굉장한 세월을 보냈다).

현장실습이 끝난 이후 보다 창의적인 일을 할 수 있기를 원했다. 아마도 나의 내부에서 솟아나는 욕구였을 것이다. 나는 오길비에서의 경력이 얼마나 소중한지에 대한 생각이 부족했다. 이는 나에게 값진 가르침을 줬다. 즉, 이 업계에서 신참이라면 에이전시에서 일한 업무 경력을 1년 이상 만들라는 것이다. 고용주의 시각에서 이는 자신의 값어치를 바꾼다. 왜냐하면 자신의 이력서에 유명한 브랜드를 넣을 수 있기 때문이다.

이후 다른 많은 디자인 회사에서 일을 했고 약간의 프리랜서 일도 했다. 얻을 수 있는 대가가 무엇이 됐든 참여했다. 마침내 한 에이전시에 자리를 잡고 4년을 보냈다. 날마다 가르침과 조언을 해주는 선배 디자이너가 있는 팀에서 함께 일할 행운을 만났다. 내가 경력을 개발할 수 있기를 진정으로 바라는 사람들과 일을 했고 환상적인 디자인을 할 수 있는 기회를 접했다. 팀은 일을 정말 열심히 했고 그 만큼 가치가 있었다. 나는 아메리칸 위스키의 브랜드 이미지 관리자가 되었고 매우 높은 성취감을 느낄 수 있었다.

이 역할을 통해서 상대방의 말을 경청하는 법을 배웠다. 나만 최고의 디자이너라는 오만에 빠지지 않고 한 팀으로서 함께 일하는 의미와 가치를 배웠다. 그리고 후배들을 가르치고 그들의 재능을 일깨우는 기회를 갖는 행운도 누렸다. 팀은 매우 친밀해서 텔레파시가 느껴질 정도였다.

내가 이직을 결심한 이유는 더 많은 연봉을 제안받았기 때문이다. 엄청난 실수였다. 나는 $(달러) 표시가 눈에 그려진 만화영화 캐릭터 같았다. 결국 새로운 역할에서 행복할 수 없었고 6개월 뒤에 분명 잘해 나갈 수 있고 커리어를 더 개발할 수 있는 팀으로 가기 위해 그만둬야 했다. 현재 나는 사장과 잘 지낼 수 있고 창의력을 쏟아부을 수 있는 에이전시에서 일하고 있다.

이 여행 전체를 통해 내 포트폴리오에 대해 항상 생각했다. 멋진 포트폴리오는 항상 나의 목표였다. 확실히 좋은 회사의 일원이 되는 것은 대단한 일이다. 하지만 나는 내 포트폴리오에 대해 생각해야 했고 어떤 기회가 내 능력을 키울 수 있는지를 항상 찾았다. 내 개인 시간에는 폰트와 공연 포스터를 디자인했다. 또 그래픽 관련 자습과 그래픽 치료에 관한 실험, 스타트업을 위한 회사 이미지 작업을 했다. 선호하지 않는 프로젝트를 맡았다면 때때로 완성 전까지는 머릿속에서 나오지 않는 개인적인 새로운 아이디어를 이런 방법들을 통해 얻을 수 있었다. 개인적인 이 세 가지 일들은 내가 주목받을 수 있는 커리어를 만드는 데 크나큰 힘이 되었다.

이제 막 디자이너로서 시작했다면 아직 개인 브랜드나 완성된 전문적 포트폴리오를 가지고 있지 않을 것이다. 이런 추가로 하는 창의적 활동들이 중요한 이유다. 우리는 신입 디자이너를 그들의 개인적 프로젝트와 열정을 기준으로 뽑았다. 에이전시에 17세에 들어온 신입직원이 있었다. 그는 대학 학비를 감당할 수 없어 학위가 없었다. 하지만 그의 작업 결과물이 매우 훌륭했고 또 열의가 대단했기에 그를 뽑았다. 그는 4년 뒤인 지금도 회사에 남아 있다. 열정과 재능은 가장 중요한 요소다. 내가 아는 최고의 디자이너 중 일부는 대학을 졸업했고 일부는 그렇지 않다.

자신이 천하무적이라고 느껴지는 세월이 있다. 하지만 또 간단한 일조차 해내지 못하는 세월도 있다. 혹은 모든 것을 새롭게 평가하게 만드는 누군가의 완전히 새로운 작품을 만날 수도 있다. 이 분야에서 일하기 위해서는 때때로 도전의식이 필요하다. 창의적인 사고가 허용되지 않거나 부정적인 피드백을 받을 때 특히 더 그렇다. 고객이 무엇을 원하는지 정확히 알지만 디자이너가 개인적으로 받아들일 수 없는 경우도 있다. 매우 어렵지만 결론은 그들이 작업에 대한 비용을 지불한다는 점이다.

원칙 면에서 디지털 세계를 위한 디자인이 오프라인에서의 그것과 본질적으로 다른 점은 아직 발견하지 못했다. 궁극적으로 이는 아이디어와 투명한 커뮤니케이션에 관한 문제다. 간단하게 새겨야 한다. 만약 많은 콘텐츠를 만들고 있다면 모든 이미지를 관통하는 원칙이 있어야 한다. 조판은 일관되게 처리하고 있는가? 구성 요소의 배치는 일관성이 있는가?

대부분이 흔히 저지르는 실수는 세부 사항을 주의 깊게 살피지 않는 것이다. 이는 너무 자주 보는 실수라서 디자인 포트폴리오를 보다 보면 오자로 가득 차 있다. 나는 이를 정말 싫어한다. 디자인에서는 조판이 무척 중요하다. 그래서 폰트 선택이 중요하다. 말투를 떠올려 보고 커닝^{kerning}(특정 글자 사이를 의도적으로 엇물리게 조정하여 더욱 짜임새 있게 글자 사이를 조정하는 것-옮긴이), 포지셔닝 등을 확인한다. 그리고 노트에 적는다. 노트의 중요성은 말로 다 설명을 못 하겠다. 피드백 한마디나 아이디어, 조언 또는 제안 등을 하나라도 놓치지 말고 적는다.

이곳은 경쟁이 심하다. 부정적인 측면 중 한 가지가 엘리트주의가 지배할 수 있다는 것이다(내가 17세 신입직원에 열광하는 이유 중 한 부분이다). 만약 자신의 작품을 인터넷이나 인스타그램에 올린다면 그 자체로 거대한 기회다. 10년 전 나는 그런 기회를 선택할 수 없었다. 소셜 미디어는 자신의 작품을 매일 사람들에게 보여 줄 수 있다는 의미다. 세상에는 자신의 작품을 보여 줄 수 있는 정말 많은 채널들이 존재한다. 기회가 모든 것이다. 이는 마치 포스터의 격언과 같다. 한마디로 열심히 일하고 사람들에게 친절해라. 친구를 만들어라. 사람들의 말을 경청해라. 내가 할 수 있는 최선이 여기까지인지 자문해라. 그리고 즐겨라.

알아두면 유용한
그래픽 디자인

그림이 천 마디 말의 가치가 있다지만 종종 무언가를 더 상세하게 설명해야 할 필요도 생긴다. 영상으로 만들 필요 없이 글자와 정보가 들어 있는 사진을 추가해서 많은 정보를 빠르게 전달할 수 있는 흥미로운 콘텐츠를 만들 수 있다. 그래픽 디자인은 전문적으로 배워야 할 분야이긴 하지만 몇 가지 간단한 기법과 툴만 알아도 멋지게 보이는 이미지를 만들 수 있다.

그렇더라도 그래픽 디자인이 단지 메시지 전달에 관한 것만은 아니다. 조판, 컬러 그리고 스타일을 통해 전달되는 분위기는 브랜딩과 커뮤니케이션의 중요한 부분이다. 감사하게도 콘텐츠를 디자인하기 위해 비싼 장비가 필요하지는 않다. 또한 소프트웨어는 갈수록 사용법이 편리해지고 있다.

이미지를 통해 전달되는 분위기와 메시지가 모두 컬러, 폰트, 레이아웃에 의해 어떤 영향을 받는지 의도적으로 나쁘게 만든 표본을 통해 살펴보자.

우선 다음의 웨스트민스터 사원 사진을 보자.

164

자, 더 많은 관광객이 런던에 오도록 런던 관광청이 이 이미지를 사용한다면 이는 재앙이나 다름없다. 고딕 폰트와 어두운 컬러가 겹쳐서 탁하고 안개 낀 사진은 런던을 휴일을 보내기에 매우 우울한 장소처럼 보이게 한다.

이제 반대로 해보자.

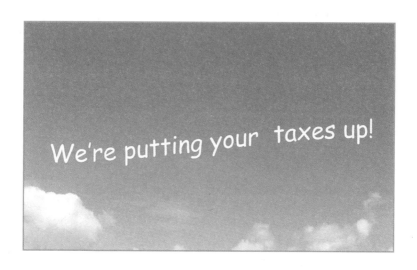

아무도 세금을 더 내는 것을 좋아하지 않는다. 아이 같은 폰트와 싸구려처럼 보이는 빗살의 글자를 사용하고 햇살이 가득한 이 사진은 사람들에게 세금 인상을 알리는 가장 최악의 방법이다.

이런 예시가 너무 가벼워 보일 수도 있지만 수준 낮은 디자인은 흔하게 발생하는 문제다. 나는 심각한 의료상의 문제에 대해 '코믹 샌즈'(빈센트 코네어가 제작한 글꼴이다. 1994년 마이크로소프트에 의해 공개되었다. 격식을 차려야 하는 서류에서 이 글꼴의 광범위한 사용은 많은 비판을 받아 왔다-옮긴이)체로 쓰인 편지를 받은 적도 있다.

디지털 플랫폼을 위해 디자인할 때 뚜렷하고 효과적인 디자인이 중요한 이유는 수없이 많다.

- 바쁘게 돌아가는 소셜 미디어 피드에서 자신의 콘텐츠는 독특해 보여야 하고 보기에 즐거워야 두드러져 보일 수 있다.
- 대부분의 사람들이 스마트폰을 통해 콘텐츠를 보기 때문에 (분명히 텔레비전이나 포스터 보다는 작은 캔버스) 공간이 협소하다. 그래서 작은 화면으로 디자인하는 법을 알아야 한다.
- 자신의 브랜드, 이야기나 메시지를 일관되게 차별화시키는 일이다. 나이키의 날개 무늬나 애플의 한 입 베어 문 사과 같은 유명한 로고는 회사 이름을 포함하지 않지만 대부분의 사람들은 즉각적으로 어느 회사의 로고인지 바로 알아본다.

온라인에는 그래픽 디자이너들의 커뮤니티가 수없이 많다. 그곳에서 사람들은 서로 조언과 비결을 공유한다. 누구나 자신이 시도하고 싶은 모든 그래픽 디자인 기법이나 스타일에 대한 가이드를 금방 발견할 수 있다.

그래픽 디자인의 몇 가지 기본

컬러

컬러 이론은 복잡한 주제다. 하지만 감사하게도 마음속에 담아둘 약간의 핵심 원칙이 있다.

첫째, 사용된 컬러는 이미지의 분위기에 영향을 미친다. 예를 들면 빨간색은 사랑이나 화와 같은 열정적 감정을 불러일으킨다. 파란색은 고요하고 침착한 외관을 만든다. 녹색은 흔히 자연이나 환경 관련 주제를 전달할 때 쓰인다.

사용한 컬러는 다른 디자인 요소에 따라 여러 가지 의미를 지닌다. 만약 빨간색의 공격적인 폰트를 사용하면 화가 나는 공격적 분위기를 만들 수 있다. 이를 곡선이 많은 폰트로 바꾸면 바로 로맨틱하게 분위기가 바뀐다. 어떤 컬러 팔레트를 사용할지 주의 깊게 생각한다. 특히 처음으로 시각적 브랜드를 만들 때는 특히 더 그렇다. 색깔을 통해 무엇을 전달하려 하는가? 또한 구독자들 중 일부는 색맹일 수 있다는 점을 기억한다. 특히 빨간색과 녹색을 구분하는 것을 몹시 어려워한다. 다른 방식으로 디자인하는 것을 고려해라. 예를 들면 컬러와 함께 패턴을 결합할 수도 있다.

컬러휠은 보완되는 색을 쉽게 찾을 수 있도록 도와주는 디자인의 중요한 부분이다. 모든 디자인 앱은 컬러휠을 내장하고 있다. 아니면 검색엔진을 통해 쉽게 이를 구할 수 있다.

보색을 찾을 수 있는 간단한 방법은 컬러휠의 반대편을 보면 된다. 원하는 색깔이 무엇인지 생각할 때 일단 주요 컬러를 선택하고 컬러휠의 반대편에 무슨 색이 있는지를 봐라.

또 사용하고 싶은 색조에 대해서도 심사숙고한다. 생생하고 강렬한 원색은 선명하고 눈길을 끈다. 파스텔 색이나 중간색은 고요하고 편안하다.

조판

어떤 활자체와 폰트를 쓸지 결정하는 일은 매우 어렵다. 수천 가지 아름답고 독특한 활자체가 있어 선택의 폭이 너무 넓어 결정하기가 몹시 힘들다. 활자체나 폰트는 분위기를 전달하는 데 컬러와 마찬가지로 중요하다.

고려해야 될 가장 확실한 요소는 폰트의 생김새다. 전달하고 싶은 스타일에 어울리는가?

만약 자신이 디자인하는 콘텐츠가 스토리텔링이거나 기사라면 주의가 분산되지 않는 깨끗하고 간결한 폰트를 원할 것이다. 만약 라이프스타일에 관한 브랜드를 만들고 있다면 판매할 제품의 분위기를 반영할 수 있는 생생하고 창의적이며 흥미가 느껴지는 폰트를 원할 것이다.

일단 폰트를 선택했다면 사용해야 하는 모든 상황에 적절한지 여부를 생각해라(위의 '코믹 샌즈'체의 경우는 잘못된 대표적 사례다). 로고를 위해 대담하고 독특한 폰트를 원할 수 있지만 콘텐츠의 모든 텍스트에 같은 폰트를 동일하게 사용하면 매우 지루해질 수 있다. 폰트에 대해서도 연구를 해야 한다.

앞쪽의 '런던 방문하기' 사진을 다시 살펴보자. 이를 만든 사람은 그것이 '중세적'이거나 '전형적인 초기 영어' 또는 '정통 영어'로 보이거나 혹은 단순하게 '영국적'으로 보인다고 생각했을지도 모른다. 하지만 이 중 아무것에도 해당되지 않는다.

여러 가지 다른 구성으로 선택한 폰트를 시도해 본다. 모든 경우에 보기가 좋은지 점검한다. 깨끗하고 간단한 '산세리프'체는 현대적 모습 때문에 인기가 많다. 그렇다 하더라도 크고 무거운 디자인의 활자체를 선택하는 데 주저하지 마라. 단지 절제해서 쓰면 된다.

활자체의 가독성을 점검하는 것도 중요하다. 글자체의 분위기와 스타일은 항상 얼마나 명확하게 보이느냐 이후에 생각할 문제다. 스타일이 좋은 디자인을 선호하기 쉽지만 작은 크기에서나 밝은 색조에서도 문제가 없는지 점검해야 한다.

선과 배치

선은 디자인에 한 가지 또는 다른 형태로 나타날 확률이 높다. 직선은 문자열 선이 되든지 사각형 모양이 되든지 공식적이고 진지하며 격식이 있어 보인다. 손으로 긋거나 휘어진 두꺼운 곡선은 창의적이며 장난스럽게 보인다.

선을 따라서 텍스트를 만들 수도 있다. 이는 경미한 커브나 더 불규칙한 디자인을 따르는 것처럼 간단할 수 있다.

서로 다른 선이 이미지의 느낌을 어떻게 바꾸는지 실험해 보는 것도 가치가 있다. 다음은 믹싱 스튜디오를 위한 가상의 로고이다. 둘 다 직선을 사용했시만 상낭히 느낌이 다른 것을 알 수 있다.

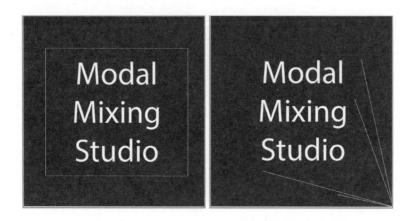

여백

좋은 디자인이란 무엇을 남기느냐와 많은 관련이 있다. 이미지는 흔히 너무 어수선하거나 혼란스럽다. 이는 보기에도 안 좋을 뿐만 아니라 전달하고자 하는 메시지를 모호하게 만든다. 디자인에 하얀 여백을 많이 남기는 경향은 깨끗하고 명확한 디자인이 선호되는 웹 디자인의 세계에서 특히 인기가 많다.

복잡하고 분주해 보이는 디자인은 독특하고 생기 넘쳐 보일 수는 있지만 직관적으로 알아보기에는 어려움이 있다. 여백을 너무 많이 사용하는 것도 이미지를 너무 작아 보이게 하거나 끝을 맺지 못한 디자인처럼 보이게 한다. 하지만 일반적으로 구성 요소들이 숨을 쉴 수 있는 공간을 많이 남겨 둔다. 아래의 믹싱스튜디오의 가상 로고는 아주 깨끗한 기본적인 디자인이다.

Modal Mixing Studio

차별화가 중요한
브랜드 세계

이미 브랜드나 스타일 가이드라인에 대해 들어본 적이 있을 것이다. 이는 브랜드와 회사에서 자신들의 콘텐츠가 일관되어 보이게 하려는 지침들이다. 거기에는 어떤 활자체를 써야 하는지, 컬러 팔레트는 어떤 것을 사용해야 하는지 그리고 구성 요소들은 어떻게 함께 배치되어야 하는지 등이 명확하게 제시되어 있다. 또한 글로 된 콘텐츠를 위해 말투에 대한 지침도 포함되어 있다.

이 방식에는 장점이 많지만 내용을 최소화하는 것이 중요하다. 자신만을 위한 것이더라도 브랜드 가이드라인은 자신의 콘텐츠가 일관되어 보이게 도와준다. 이는 자신을 위해 콘텐츠를 대신 만드는 사람이 있더라도 자신의 스타일에 따르게 할 수 있다는 의미다.

브랜드 가이드라인을 문서화하는 작업은 자신이 디자인한 콘텐츠를 어떻게 보이게 만들지를 깊게 생각하게 만드는 유용한 창의성 훈련이다.

그렇다고 장점만 있는 것은 아니다. 멀티 플랫폼 세계에서 아름답게 디자인된 로고는 편지지나 포스터에서는 멋져 보일 수 있지만 소셜 미디어에서는 통하지 않을 수 있다. 항공사에서 일을 한다면 브랜딩이 비행기의 옆면과 명함에서 어떻게 보이는지를 모두 고려해야 한다. 이처럼 브랜드 가이드라인에 사용 가능한 모든 용도를 담기는 어렵다.

브랜드 가이드라인 문서를 만들고자 한다면 다음의 사항들이 포함돼야 한다.

- 로고 자체는 구성 요소에 따라 어떤 크기로 어떻게 사용되어야 하는지, 그리고 사용되어서는 안 되는 방법.
- 조판의 경우 사용해야 할 활자체와 서로 어떻게 연결되어야 하는지.
- 브랜드에 사용하는 컬러의 경우 기술적 세부 사항을 제시해서 디자이너가 빠르게 작업할 수 있게 해야 한다[디자이너들이 사용하는 헥스 코드hex codes가 유용하다].
- 디자인이 어떻게 사용되었는지를 보여 주는 실생활 사례들.

새로운 사업으로 카페를 하려는 누군가가 찾아와서 디자인을 요청했다고 상상해 보자. 그들의 카페 사업을 위해 스마트한 로고를 디자인 소프트웨어나 스케치를 이용해 만들어 보라.

그들은 부유한 상류층 고객들의 관심을 끌고 싶다고 말했다. 이 요구를 어떻게 콘텐츠에 반영할지 생각해 본다.

이제 그들이 카페를 어린이들이 바리스타 놀이를 할 수 있는 아동 친화적 연극센터로 파격적인 변신을 하겠다는 뉴스를 전했다고 상상해 보자.

디자인한 콘텐츠를 이렇게 완전히 다른 구독자들의 관심을 끌기 위해 어떻게 바꿀 것인가?

디자인한 작품을 온라인 디자인 커뮤니티에 공유하고 피드백을 요청하는 것은 가치 있는 일이다.

PART 05

디지털
커뮤니티
구축하기

_ 커뮤니티와의 대화는 필수적이다. 그저 방송만 하지는 마라.

_ 대화에 참여하는 규칙을 세워라.

_ 새로운 시도를 계속해 구독자의 흥미를 유지시켜라.

활동적인 커뮤니티
구축

소셜 미디어가 처음 대중화되었을 때는 주로 방송 용도로만 사용됐다. 회사들은 이 멋진 새 플랫폼에 끝없이 콘텐츠를 공급하기만 하면 되고 이를 통해 성공할 수 있다고 생각했다. 그런데 많은 영상 조회 수와 웹 클릭 수에도 불구하고 구독자가 증가하지 않는 문제가 발생했다. 단서는 소셜 미디어라는 이름에 있었다. 즉, 여기는 사람들이 이야기를 하는 사회적 플랫폼인 것이다.

빠른 속도로 성장한 회사는 구독자들과 의사소통을 활발히 한 곳들이었다. 그저 영상을 공급하지만 말고 댓글에 들어 있는 질문과 의문 사항들에 대해 빠르게 대응해야 한다. 그리고 중요한 이슈에 대해서는 구독자들의 의견을 물어보고 이를 콘텐츠에 반영해야 한다. 이는 구독자들이 스스로를 가치 있게 여기고 공급자들이 시도하는 바에 투자하게 만든다.

활동적인 커뮤니티를 구축하는 일은 어떤 상업적 전략에도 반드시 필수다. 자신이 뉴스 발행자라면 돈을 내고 기사를 구독할 사람들이 필요하다. 엄청나게 치열한 디지털 세상 속에서 자신의 작업에 사람들이 비용을 지불하게 만들어야 한다. 사람들이 자신의 작업 결과물을 지지하겠다는 마음이 생기고 이를 공유해 들어올 때에만 이는 이뤄진다. 만약 공급 전략이 양적 크기에 근거를 두고 있다면(예를 들어 최대한 많은 영상 조회 수/웹 클릭 수) 가능한 한 최대 크기의 구독자 수를 확보해야 한다.

만약 사업이나 제품을 홍보하고 싶다면 활동적으로 참여하는 팔로워들이야말로 어떤 형태의 광고보다 더 강력한 효과가 있다. 고객들이 하는 말에 귀를 기울이면 문제점 역시 빨리 발견할 수 있다. 사람들은 정당한 불만 사항이 있을 수 있고 이에 대한 올바른 접근과 긍정적인 커뮤니티는 화난 고객을 행복한 지지자로 바꾼다.

활발한 커뮤니티는 상업적 목적을 가진 회사를 아무런 이유 없이 지지하지 않는다. 중요한 메시지를 전하려 하거나 대의명분을 가지고 있다면 구독자들의 참여를 통해 더 큰 목소리를 낼 수 있다. 만약 자신이 추진하는 일에 그들이 참여하고 관심을 가진다면 말이다.

지금까지 디지털 콘텐츠 제작과 관련한 실질적인 부분을 다뤘다. 이제 배운 것들을 써먹기 위해서는 실세 이를 찾아볼 구독자들이 필요하다. 충성심이 있고 참여하는 구독자를 만드는 것은 콘텐츠를 만들었을 때 실제 성공의 표식이 된다. 근본적으로 콘텐츠는 사람들이 흥미를 갖느냐의 문제다. 하지만 커뮤니티를 구축하는 것은 그것 이상이다. 전달하려는 메시지에 대해 토론하고 논쟁을 벌이며 최종적으로 비용을 지불하는 사람들이다.

이미 거대한 커뮤니티를 가지고 있는 브랜드에서 일을 하고 있을 수도 있다. 예를 들면 유명한 신문사나 인지도 높은 제품을 판매하는 회사. 그렇다면 밑바닥부터 구독자를 쌓아 나가는 고투를 겪지 않아도 되는 측면에서 삶이 좀 더 쉬워질 수도 있다. 반면에 그 커뮤니티는 회사로부터 바라는 특정 사항들이 있을 것이고 만약 이를 빨리 파악하지 못하면 많은 팔로워들을 화나게 할 수도 있다. 큰 회사들은 종종 엄격한 정책과 가이드라인에도 불구하고 소셜 미디어에서 친근한 목소리를 내고 인간적인 모습을 보이려 애를 쓴다. 만약 디지털 채널을 관리하는 모든 사람이 무엇이 자신들의 구독자와 잘 맞는지 이해하고 있다면 일은 쉬워진다. 그런데 말이 쉽다.

구독자를
어떻게 모을 것인가

활동적이고 관심이 있는 구독자를 구축하는 데는 세 가지 중요 규칙이 있다.

인간적으로 다가가기

평이한 글에 대한 부분에서 다뤘듯이 글을 쓸 때 종종 기업 용어나 전문 용어로 빠져들기 쉽다. 사람들은 얼굴 없는 회사가 아니라 다른 사람들과 대화를 한다고 느끼는 것을 좋아한다. 만약 질문이나 의견이 있다면 이를 공유하고 싶어 하고 답변받기를 원한다. 구독자들을 웃음 짓게 만들거나 자신들이 소중한 존재로 느껴지게 하면 그들은 충성심을 잃지 않는다. 이는 오직 인간적으로 다가설 때만 가능한 일이다. 불만 사항을 처리하는 업무를 할 때 보면 정말 극도로 화가 난 사람도 회사가 아니라 진짜 사람과 대화한다고 느끼면 감정이 금세 진정된다.

이것은 회사의 말투에 대해 신경 써야 한다는 것을 의미한다. 딱딱

하거나 형식적인 언어는 피하고 소셜 미디어에서 사람들을 대할 때 최대한 인간적인 목소리를 내야 한다. 규모가 큰 회사에서 이는 커다란 도전일 수 있다. 정말 심각한 문제가 있을 때 정도가 지나쳐 부적절하게 가벼운 목소리를 낼 수도 있다. 만약 고객이 사소한 문제를 제기했다면 감정에 호소하는 가벼운 말은 고객을 진정시키는 데 도움이 될 수 있다. 하지만 자신의 회사 때문에 고객이 심각한 피해를 입었다면 편안한 말투의 소셜 미디어 메시지는 전혀 위로가 되지 않는다. 많은 시도와 실수를 통해서만이 각 경우에 적절한 말투를 찾을 수 있다. 모든 회사와 브랜드가 서로 다르기 때문이다.

재미를 추구하라

사람들이 실제로 흥미를 느낄지에 대해 깊은 생각 없이 콘텐츠를 마구 찍어 내기 쉽다. 분명 하나의 영상에 회사의 모든 메시지를 쓸어 담을 수도 있다. 영악하게 만들어서 비용을 줄인다면 사장을 기쁘게 할 수 있겠지만 구독자에게 아무런 호응을 얻지 못한다면 무슨 소용인가?

모든 좋은 콘텐츠의 기본은 간단하다. 사람들이 흥미를 느끼는 것을 만들어라. 쉽게 들릴 수도 있지만 현실은 무척 어렵다. 구독자들이 무엇을 좋아하는지 어떻게 알 것인가? 그리고 일단 알았다고 하더라도 내부적으로 어떤 장벽이 제작을 가로막고 있는가? 심지어 제작에 필요한 기술이나 장비조차 아예 갖추지 못한 경우도 있다.

과학과 예술을 결합해 이를 극복해 나갈 수 있다. 디지털 분석을 주의 깊게 들여다보면 구독자들에게 무엇이 효과가 있는지 빠르게 파악할 수 있다. 그들은 무엇에 반응하는가? 어떤 주제에 가장 많이 댓글이 달리는가? 어떤 콘텐츠를 친구들과 가장 잘 공유하는가? 분석 자료를 자주 점검하면 성공할 수 있다.

그렇더라도 자신의 직감을 믿어야 한다. 새로운 콘텐츠 아이디어를 풍부한 상상력으로 계획한다. 일단 커뮤니티를 만들었다면 그들에게 무엇이 효과가 좋을지 육감적으로 개발해야 한다. 숱한 시도와 실수를 통해 배워야 할 또 다른 상황이다. 제작하는 모든 콘텐츠에서 감정적 고리를 찾아라. 이를 통해 사람들은 웃고, 열정을 느끼며, 콘텐츠가 쓸모 있고 유용한 정보를 준다고 생각한다. 친구들과 공유하기를 원하고 어떨 때는 화를 내기도 한다. 최악의 결과는 콘텐츠에 대해 무관심한 태도를 보일 때다.

구독자 의견에 귀 기울이기

정말 효과적인 콘텐츠를 바로 얻기는 정말 어렵다. 사람들은 소셜 미디어를 통해 즉각적으로 회사와 상호작용할 수 있기를 기대하고 자신의 의견이 반영되기를 바란다.

구독자들은 자신이 소중하게 여겨진다고 느껴야 하고 그들의 의견이 반영되고 있다는 것을 알아야 한다. 이는 콘텐츠 공급자에게도 중요하다. 구독자들에게 귀를 기울이면서 무엇이 효과가 있고 없는지를 배운다. 새로운 종류의 콘텐츠에 많은 노력을 기울였는데 구독자들이 예상치 않게 화만 낸다면 몹시 짜증나는 일이다. 하지만 이런 결과를 무시하고 구독자들이 좋아하지 않는 내용을 계속 만드는 것보다는 훨씬 낫다. 사람들이 팔로잉을 끊기 시작하고 구독자들은 줄어들 것이며 브랜드는 피해를 입게 될 것이다.

무엇이 사람들을 팔로잉에서 벗어나게 하는지 주의 깊게 생각한다. '사람들은 즐거워하기를 원해'와 같이 간단한 결론일 수도 있고 중요한 사업 정보를 원하는 것과 같은 더 심각한 문제일 수도 있다. 자신의 콘텐츠로부터 구독자들이 무엇을 원하는지를 마음에 새겨두면 적절하고 흥미 있는 내용을 계속 만들 수 있다. 현실에서 어떻게 효과적으로 구독자들에게 귀를 기울일 수 있는가?

멈스넷 CEO
저스틴 로버츠

2000년에 그녀가 설립한 온라인 커뮤니티인 멈스넷(영국 최대의 육아 정보 웹 사이트 중 하나-옮긴이)의 CEO다. 멈스넷은 급속하게 성장해 영국 총리와 유명인사와의 인터뷰를 주최할 뿐만 아니라 월간 순 방문자 수가 1천만 회에 이르는 사이트가 되었다.

아이들과 보낸 첫 번째 가족 휴일은 재앙과도 같았다. 그때 멈스넷의 아이디어를 떠올렸다. 우리는 끔찍한 리조트를 방문했고 많은 부모들이 그곳이 얼마나 형편없는지를 한탄하고 있었다. 이는 내게 휴일 휴가지를 제안하거나 평가하는 것뿐만 아니라 부모로서 육아 정보에 대해 논의할 수 있는 곳이 있다면 도움이 되지 않을까 생각하게 되었다. 인터넷은 그런 지혜를 활용하기에 완벽한 곳이었다. 바로 기금을 모금하려 했지만 얼마 후 닷컴 붕괴가 일어났다. 골드러쉬는 끝났고 모금은 뜻대로 되지 않았다.

사업 계획은 쓸모없게 됐지만 결과적으로는 좋은 일이었다. 우리는 전에 없던 전자상거래 위주의 계획을 세웠다. 호화로운 사무실이나 불타는 속도는 아니지만 유기적으로 성장을 거듭했다. 사람들에게 얼마나 유용한지가 분명해지자 사업은 자생력을 갖기 시작했다. 급하게 돈을 벌고자 하는 대신 사용자들에게 집중하면서 진정성 있고 믿음을 주는 브랜드가 되고자 했다. 사용자들을 조사해 보니 많은 사람이 다른 사용자가 추천한 물건을 샀다. 믿을 수 있는 사이트의 환경 덕분이었다.

2010년 영국 선거가 임박했다. 때때로 '멈스넷 선거'라고도 불렸다. 정치인과 고위 지도자들이 우리 사용자들과 웹 채팅을 하기 위해 줄을 섰기 때문이다. 우리는 정치인들의 주목을 받고 있다는 것을 깨달았고 사용자들이 관심을 갖고 있는 이슈에 대해 그들을 대신해 캠페인을 하지 않는다면 태만한 자세라고 느껴졌다. 유산한 이들을 위한 보호, 어린 소녀의 성 상품화 문제, 특별한 치료가 필요한 부모들이 주요 이슈였다.

커뮤니티 관리와 소셜 미디어 마케팅 기술자에 대한 수요가 엄청났다. 사람을 찾기가 힘들었다. 커뮤니티를 구축하고 싶다면 사용자를 공간 내의 가장 중요한 사람으로 생각해야 한다. 경청하는 자세가 필요하고 교류할 준비가 되어 있어야 한다. 처음에는 쉽다. 하지만 커뮤니티가 성장하면서 점점 어려워진다. 민주주의 정신으로 전념해야 한다. 그리고 스트레스를 받더라도 확실한 회복력이 필요하다. 사람들은 공격적인 이메일을 보내기도 하지만 다음 날 어젯밤에 기분이 좋지 않았다며 사과한다. 감정적으로 일들을 처리해서는 안 된다.

커뮤니티에서는 다양한 의견으로 인해 많은 토론이 벌어진다. 운영자는 사용자의 의견에 동의하지 않더라도 중립적인 자세를 엄수한다. 그리고 발언할 수 있는 권리를 보장한다(예의를 지키기만 한다면!). 멈스넷은 특정 유형의 부모만이 아니라 전체 부모를 위한 곳이다. 우리는 대화가 흘러가게 두고 개입을 최소화했다. 토론을 막으려는 사람들에게는 적극적으로 선제 대응을 했다. 이는 커뮤니티 관리에서 가장 어려운 영역 중 하나다. 가장 어려운 일이 소수 의견을 다수 의견으로부터 지켜 내는 것이다. 우리는 '공격적인 원리주의'가 커뮤니티에 팽배하지 못하게 막아야 한다는 목표가 있었다.

우리 사이트의 한 게시판에 반려견 주인들을 위한 사례가 올라왔다. 한 그룹의 사람들이 그곳에서 강력한 발언권을 가지고 있었다. 그들은 애견구조센터에서만 반려견을 입양해야 된다는 자신들의 의견을 공격적으로 개진했다. 어느 처지가 딱한 여자가 강아지를 어떻게 사게 됐는지 그리고 이후에 남편이 암에 걸려 사망한 사연을 올렸다. 그녀는 어찌할 바를 몰랐고 도움을 청하는 글을 올렸다. 즉각적으로 "음, 하지만 당신은 구조센터에서 개를 데려온 것은 아니잖아요?"였다. 우리가 개입해 그런 발언은 용납할 수 없다고 말했다. 이는 어려운 일이었다. 엄격하게 보면 아무도 규칙을 위반한 것은 아니기 때문이다. 그러나 하나의 원리주의가 반대 의견의 발언 자체를 막는 순간, 그때 우리는 개입한다. 우리 사용자들은 사이트를 자신들의 소유라 생각한다. 그래서 매우 어려운 일이다.

우리는 의도적으로 사람들이 얼마나 오랫동안 사이트의 회원이었는지 표시하거나 차별적으로 대하지 않는다. 신입 회원이든 수년간 회원이었든 상관없이 모든 사람이 환영받는다고 느끼기를 바란다. 이는 사이트가 진부해지는 것을 막는 데 도움이 된다.

멈스넷의 대단한 점은 날마다 볼 수 있는 사용자들의 친절이다. 우리 모두는 바쁘고 인터넷은 괴물들의 사악한 소굴이라고 표현되는 세상에서 멈스넷은 꼭 그렇지만은 않다는 것을 보여 주었다. 사람들은 온전히 타인을 돕기 위해 수고를 무릅쓴다. 예를 들어 어느 부인이 가족과 휴일 나들이를 나섰다가 공항에 도착했는데 아이가 가장 좋아하는 장난감을 두고 온 사실을 깨달았다. 그녀는 게시판에 글을 올렸고 누군가 실제로 공항에 나타나서 똑같은 장난감을 그녀에게 주었다. 이는 매우 구체적인 행위로서의 친절이다. 가상 세계에서도 사람들이 다른 사람을 돕기 위해 불편을 마다하지 않는 모습을 볼 수 있다. 한밤중에 모유수유 이슈에 대해 지지의사를 표명하거나 폭력을 행사하는 남편을 벗어날 수 있는 방법을 알려주기도 한다.

사람들의 생각
알아내기

청중들의 소리에 귀를 기울이는 것은 말보다 실행이 어려운 일들 중 하나다. 자신만의 브랜드를 운영 중이거나 작은 팀을 관리하고 있다면 확실히 어려움이 덜하다. 조직이 크다면 어떻게 대처해야 할까? 소셜 미디어에서 많은 사람이 자신에게 메시지를 보내거나 자신의 콘텐츠를 공유하고 있다면 늪에 빠진 느낌이 들기 쉽다. 다음은 청중들이 원하는 바를 모니터하고 배울 수 있는 기법들이다.

댓글과 메시지에 주목하기

자신의 콘텐츠에 대해 실제 무슨 말들이 오가는지 살핀다. 단지 콘텐츠를 공유한 것으로 일이 끝났다고 생각하면 곤란하다. 댓글에서 눈을 떼지 말고 독자들과 대화를 계속하며 질문에 답변한다. 대화가 가능하다는 걸 알면 독자들은 떠나지 않는다. 개인적인 메시지 또한 무시하지 마라. 대체로 대부분의 사람들이 의문이 있을 때 취하는 첫 번째 행동이다. 만약 시간에 쫓긴다면 빠르게 응답할 수 있게 자동응

디지털 콘텐츠는
처음입니다만

답 설정을 할 수 있지만 너무 의존하는 것은 위험하다. 이후에 시간이 날 때 적절한 응답으로 후속 조치를 취한다.

특별히 긍정적이거나 재미있는 메시지는 자신과 팀의 사기 진작을 위해 내부 공유를 하는 것도 나쁘지 않다.

감정 분석하기

소셜 미디어에서 정말 많은 구독자들의 모든 댓글을 하나하나 살피기는 어렵지만 독자들이 자신에 대해 어떻게 생각하고 있는지는 알아야 할 필요가 있다. 이럴 때 감정 분석을 손쉽게 사용할 수 있다. 자신이 올린 주제나 말들에 대해 토론하는 사람들의 성격, 행동, 말들을 분석하는 특별한 소프트웨어 또는 평가 방법이다. 예를 들어 일부 가장 간단한 감정 분석은 치즈버거라는 단어에도 있다. '맛있다'거나 '군침이 돈다', '패스트푸드', '건강하지 않은' 같은 단어들과 결합되어 있는 것을 볼 수 있다. 그저 평범하다. 다른 예로 자신의 회사가 새 제품을 이제 막 출시했다고 가정하자. '부러진', '고장 난', '복잡한', '쓸모없는'과 같은 단어들이 계속 나타나면서 제품에 대한 부정적인 느낌을 감정 분석이 보여 준다면 회사가 당장 심각한 문제에 직면했다는 것을 알 수 있다.

여기에도 한계는 있다. 이는 비용이 많이 들고 제대로 처리하려면 전문가가 필요하다. 실제 정확도도 그리 높지 않다. 대체로 농담이나 빈정대는 말은 잘 찾아내지 못한다. 예를 들어 '신제품을 너무나 사랑해서 작동하기까지 기다리는 긴 시간이 너무나 재미났어요'와 같은 댓글을 매우 긍정적인 격려로 분류하기도 한다. 개괄적이고 큰 범위의 분석이 유용하기는 하지만 지나치게 의존해서는 안 된다.

피드백 요청하기

피드백을 구하는 데 주저하지 마라. 설문조사를 할 수도 있고 사람들에게 생각을 말해 달라고 요청하거나 큰 규모의 전담 팀을 운영할 수도 있다. 설문조사는 피드백을 빠르게 측정하는 쉬운 방법이다. 하지만 최대한 짧게 만들어라. 가능한 한 많은 질문을 잔뜩 밀어 넣고 싶겠지만 사람들은 금방 지루해한다. 짧은 설문을 자주하는 것이 복잡한 설문을 가끔 하는 것보다 낫다. 깊이 있는 설문조사를 해야 할 필요가 있다면 사람들이 전체 질문에 응답하게 만드는 동기부여 차원에서 인센티브나 경품을 제공하는 것도 고려할 만하다.

숫자 분석하기

데이터는 구체적인 실행 행위 없이도 많은 통찰을 준다. 만약 자신의 영상에 대한 시청 지속률이 극히 낮다면(이는 특정 지점까지 시청을 계속하는 사람들의 비율을 말한다) 구독자들이 흥미를 느끼지 못하고 있다는 방증이다. 만약 사람들이 자신의 웹 사이트를 빠르게 떠나거나 떠나기 전에 원하는 페이지를 찾는 데 많은 시간을 보낸다면 디자인이 형편없다는 의미라는 것을 알아야 한다.

회사의 자료에 의지해서 필요한 데이터 분석을 할 수도 있다. 무엇을 분석하고자 하는지, 성공적인 데이터는 어떤 것인지 명확히 해라. 하지만 데이터 분석에 인간의 직감을 결합해야 한다. 예를 들어 어느 콘텐츠를 통한 캠페인이 환상적인 참여율을 보일 수 있다. 하지만 이를 자세히 들여다보면 황당한 오자를 지적하는 댓글들일 수도 있다.

댓글을 관리하고
조정하기

　기준선을 어느 지점에 그을 것인가? 디지털 콘텐츠에 대해 이야기할 때 내가 가장 많이 하는 질문 가운데 하나다. 구독자들의 댓글을 어떻게 관리하고 공정하게 조정할 것인지는 올바로 처리하기가 매우 까다롭고 또 각 조직마다 다르다. 만약 자신이 정치 토론 쇼의 소셜 미디어를 관리하는 일을 맡고 있다면 예를 들어 어린이를 위한 영상보다는 격한 의견과 반대에 대해 높은 절제력을 가지고 있어야 한다.

　슬프지만 놀랍지 않은 진실은 많은 온라인 댓글들이 부적절한 글부터 직접적인 증오를 표하는 글까지 달갑지 않은 내용들이 주를 이룬다는 것이다. 구독자들에게 답변하는 것과 마찬가지로 독자들이 올리는 콘텐츠들을 조정하는 일에도 정말 많은 시간이 들어간다. 감사하게도 시중에는 이 짐을 줄여 주는 수많은 자동화된 솔루션들이 나와 있다.

　첫 번째 단계는 조정 정책을 만드는 일이다. 이를 통해 담당 팀은 댓글들을 판단할 기준이 생긴다. 그리고 언제 사안을 보고할지 알 수 있다. 반대하는, 별로 즐겁지 않은 댓글들에 대해 관용을 가져야 한

190

다. 그렇지 않으면 구독자들은 모든 반대 댓글들이 사라지는 것을 목격하면서 운영자들을 신뢰하지 않게 된다. 하지만 무엇을 삭제해야 하는지의 문제는 디지털 콘텐츠의 세계에서 일하는 많은 사람들의 신경을 곤두세우게 하는 일이다. 조정 정책이 쓸모 있는 이유가 여기에 있다. 많은 종류의 형식이 있지만 그중 신호등 시스템은 이해하기 쉽고 효과적이다.

다음의 예시 표에서 녹색, 노란색, 빨간색으로 분류된 여러 형태의 댓글들을 살펴보자.

댓글을 분류하는 법

녹색	노란색	빨간색
긍정적인 지지 댓글	콘텐츠에 대해 불평하거나 실수를 강조하는 불만족 팔로워	차별 또는 욕설
통찰력 있는 토론이나 문제제기	욕설이 없는 화를 표현한 댓글들	개인이나 조직에 대한 위협
사용자가 올린 콘텐츠	조직에 대한 입증되지 않은 불만	스팸이나 사기로 이어지는 링크
합리적인 불만	사람들이 공격적이라 말하는 콘텐츠	기밀 정보 유출

일단 댓글의 종류가 녹색이나 노란색, 빨간색으로 분류가 되면 각각 어떻게 대응할지 정리할 수 있다. 예를 들어,

- **녹색:** 공개적으로 답변해라. 자신의 콘텐츠에 그들의 생각을 공유하고 유용한 정보는 내부에 올려라.
- **노란색:** 댓글 모니터를 계속해라. 불만이 타당한 이유가 있는지 검증해라. 콘텐츠가 올바른지 확고하게 점검해라.
- **빨간색:** 회사 내부와 소셜 네트워크나 사법당국에 보고해라. 댓글을 삭제하고 사용자를 금지시켜라.

자신의 팀과 정책을 만들고 공유하면서 명확한 가이드를 만들 수 있다. 이런 정책들은 자동화된 필터링으로 훌륭하게 작동한다. 대부분의 소셜 네트워크는 욕설을 자동적으로 삭제할 수 있도록 금지된 문구 목록을 만들 수 있게 해 놓았다. 또한 앞으로 게재될 모든 포스트들에 대한 심한 내용의 댓글들을 막을 수 있는 고급 서비스를 비용을 받고 제공하기도 한다.

효과적인
생중계를 하려면

진정성 있게, 효과적으로 커뮤니티와 교류하는 방법은 생중계다. 이는 Q&A 채팅이 될 수도 있고 영상 생중계나 음성 방송일 수도 있다. 생중계 영상을 제작하기가 쉬워지면서 지난 몇 년간 특히 인기가 높아졌다. BBC는 복잡한 뉴스 스토리를 설명하기 위해 기자들과 영상 생중계 토론을 자주 방송한다. 특정 요건이 필요한 직원 모집을 하려는 기관은 흔히 예비 직원들에게 지침을 주기 위해 현 직원들과 실제 직장 생활은 어떤지에 관해 질의응답 시간을 갖는다. 생중계는 또한 지도자들이 중대한 발표를 할 때 사용하는 대중적 방법이다.

이런 방송들의 성공을 보장하기 위해서는 약간의 사전 계획이 필요하다.

사전 홍보하기

계획에 없던 갑작스러운 생중계 콘텐츠는 자신의 구독자들을 열광시킬 수 있는 좋은 방법이다. 하지만 대부분은 사전에 홍보를 잘해야 이를 잘 이용할 수 있다. 내용 중 질의응답이 포함되어 있다면 특히 더 그렇다. 일회성인지 정기적 시리즈인지 상관없이 소셜 미디어 이미지와 흥미를 유발하는 영상으로 사전에 홍보를 반드시 한다. 만약 이벤트가 금요일에 있다면 최소한 월요일 이전부터 시동을 걸어라.

관계자들과 공유하기

모든 사람이 동일한 이해를 하고 있는지 확인한다. 생중계를 하는 이유, 성공적인 생중계는 어떤 모습인지, 관련된 다른 사람들은 누구인지, 필요한 기술 등에 대해 설명한다. 공식적 회의를 크게 할 필요까지는 없지만 모든 사람이 계획을 잘 숙지하고 있는 것이 좋다. 여기에는 생중계 콘텐츠의 '화면에 나오는' 사람들에게만 적용되는 이야기가 아니라 직접적으로 관련된 모든 사람이 대상이다. 단도직입적으로 말해서 만약 무언가 잘못되면 자신은 철저히 준비를 했고 이를 모두에게 설명했다는 것을 보여 줄 수 있다.

시험 방송하기

생중계는 신경을 곤두세워야 하는 일이다. 특히 화면에 출연하는 사람은 더욱 그렇다. 제작자는 사람들에게서 최고를 뽑아내고 싶어한다. 만약 출연자가 불안해하면 구독자들은 금방 알아채고 결국 좋은 콘텐츠가 될 수 없다. 중요 이벤트를 먼저 시험 방송으로 연습하면 훨씬 자세가 자연스러워지고 또한 사전에 알지 못했던 문제점을 발견할 수도 있다. 만약 주요 이벤트를 영상으로 생중계한다면 촬영 장소가 어떻게 보이는지 그리고 뭔가를 바꿀 필요가 있는지 등에 대한 감을 잡을 수 있다.

또 참가자들에게서 받을 질문을 예상하는 데 도움이 된다. 토론 주제가 논쟁적이라면 이는 필수적이다. 앞서 언급한 신호등 시스템을 어떤 댓글들에 개입해야 되는지를 결정하는 데 가이드로 활용할 수도 있다.

철저하게 장비 체크하기

아마도 부제목은 '배터리를 점검하라'가 될지도 모르겠다. 이는 배터리가 예상보다 빨리 소진됐던 내 쓰라린 경험에서 나온 말이다. 만약 카메라 배터리가 다 닳아버리면 생중계 콘텐츠는 계획보다 훨씬 빨리 마감해야 한다. 장비를 많이 사용할 필요는 없지만, 모든 장비가 제대로 작동하고 있고 가까운 곳에 있는지 확인하는 것이 좋다. 전화나 노트북에서 라이브로 스트리밍하면 배터리가 매우 빠르게 소모된다. 보조 배터리나 부스터를 가져오는 것을 고려해라.

만일의 사고에 대비하기

언제나 성공을 목표로 삼지만 실패에 대비한 계획도 세워야 한다. 만약 생중계 환경에서 무언가 잘못되고 그에 따른 대비가 없다면, 상황은 매우 빨리 엉망으로 망가진다(대중에게 공개된 채로). 다시 말하지만 만약 자신이 다루는 주제가 논란의 여지가 있다면, 무언가가 잘못되었을 때 무슨 일이 일어날지 미리 생각해 놓는다. 부정적인 댓글, 장비 결함, 중요한 사람이 제 시간에 나타나지 않거나 콘텐츠에 나오는 사람이 부적절한 처신을 하는 등 여러 사유로 공격당할 수 있다. 모든 가능한 문제에 대한 상세한 계획을 담은 거대한 폴더를 가질 필요는 없지만 최소한 현실적인 위험이 무엇이고 실제로 발생한다면 어떻게 할지 생각해 놓아라.

예상되는 부정적인 댓글에 대해 사전 답변과 함께 간단한 대처 계획을 세워 놓으면 이동 중에도 재빨리 응답할 수 있다. 장비가 고장 날 경우를 대비해 백업용으로 무슨 장비를 챙겨가야 하는지, 무엇을 구매할 필요가 있는지 등도 내용에 포함돼야 한다. 중요한 누군가가 나타나지 않는다면 누구를 대신 세울 것인가? 만약 아무도 없다면 어떻게 할 것인가? 모든 생중계를 완전히 취소해야 하는 '마지노선'을 규정해 놓는 것도 생각해 볼 가치가 있다.

결과 측정하기

인기 있는 생중계 콘텐츠를 방송하면서 구독자들로부터 많은 조회 수를 기록할 수 있다. 하지만 만약 자신의 제품을 팔기 위해 생중계 콘텐츠를 기획했는데 판매로 이어지지 않는다면 이는 정말로 성공이라고 평가할 수 있겠는가? 이벤트의 성공을 어떤 숫자로 평가할 것인지에 대해 주의 깊게 생각한다. 이는 더 많은 생중계 콘텐츠를 기획할 때 자신의 계획을 재검토하고 수정할 수 있게 해준다.

메시지 앱의
출현

　오랫동안 사람들은 세상을 향해 방송을 할 때 주로 소셜 미디어를 이용했다. 그런데 시간이 흐르면서 사람들은 소셜 미디어의 위험성을 깨닫기 시작했다. 구직자들은 술 취한 모습의 자신 사진이 잠재적 고용주에게 낱낱이 노출되고 부모들은 십대 아이들을 염탐한다. 그리고 당황스런 어릴 적 머리 스타일이 사라지지 않고 공유된다. 이에 대한 반작용으로서 비밀이 보장되는 네트워트와 메시지 앱이 더욱 인기를 끈다(스냅챗의 인기를 생각해 보라). 사람들은 여전히 친구들과 자주 소통하기를 바라지만 더욱 안전한 방법을 원한다. 커뮤니티를 구축하려는 사람들에게 이는 명백한 장애 요인으로 작용한다. 갈수록 더 많은 사람들이 폐쇄된 네트워크와 앱을 통해서만 서로 소통하는 시대에 어떻게 목적을 달성할 수 있을까?

　다행히 대개의 메시지 앱들은 가입자들에게 구독자를 모으고 커뮤니티 활동을 할 수 있는 기능들을 제공한다. 신규 가입자의 경우 유명 브랜드, 회사, 유명인과 같은 메시지 플랫폼을 통해 교류할 수 있기를 기대한다. 이러한 메시지 앱을 적극적으로 사용하고 이를 통해 가능한 한 많은 시간 동안 구독자들과 이야기하면서 매우 사적이고 참여도가 높은 팔로워 그룹을 구축할 수 있다.

게다가 이런 플랫폼에서는 사람들이 훨씬 더 솔직해진다. 만약 자신이 의료 관련 기관에 근무한다면 소셜 미디어 플랫폼을 통해 사람들의 개인적 의료 문제와 관련하여 상세한 사항을 공유받을 수 있고 질문받을 수 있다. 그러나 메시지 앱을 사용하면 사람들에게 직접적으로 질문할 수 있다. 그들은 익명이 가능하다면 솔직한 이야기나 생각을 더 기꺼이 공유하려 한다. 가장 유명한 사례로, 포스트시크릿 Postsecret(지극히 개인적인 고민을 익명의 엽서에 적어 다른 사람들과 공유함으로써 공감대를 형성하고 정신적으로 치유될 수 있도록 도와주는 프로젝트-옮긴이)이 있다. 이 메일을 통해 사람들은 믿을 수 없을 정도로 솔직하게 비밀을 익명으로 털어놓으며 이는 온라인으로 공개된다.

만약 저널리즘에 관심이 있다면 비밀이 보장되는 메시지 앱은 뉴스를 취재하는 데 환상적인 기회가 된다. 자신을 믿는 구독자들을 구축하고 개인 메시지 앱으로 접촉할 수 있다면 안전하게 기삿거리를 제보받을 수 있다.

내가 영국 Forces TV 채널의 설립을 도울 때 왓츠앱(페이스북이 운영하는 인스턴트 메신저의 한 종류-옮긴이)에 일간 뉴스 커뮤니티를 만들고 사람들의 가입을 받았다. 사람들은 그곳에서 날마다 모든 최신 뉴스 스토리를 받을 수 있었다. 처음에는 단지 사람들에게 방송을 해서 웹 사이트의 방문 횟수를 늘리려는 목적이었다. 그런데 정말 흥미 있는 일이 벌어졌다. 사람들이 특정 이야기에 대해 추가적인 정보를 물어오기 시작한 것이다. 기사 제목에 대한 자신들의 생각과 경험을 공유했

디지털 콘텐츠는
처음입니다만

다. 이는 곧 가치를 헤아릴 수 없을 만큼 콘텐츠와 뉴스 소재의 소중한 원천이 되었다. 동시에 우리 구독자들은 더욱 연대의식을 느끼고 기사에 귀를 기울였다.

만약 메시지 앱이 자신의 콘텐츠 전략에 주요 부분으로 포함되어 있지 않다 하더라도 이는 태생적으로 어떤 방식으로든 항상 도움이 될 것이다.

사용자가 만드는
콘텐츠

이 책은 당신과 당신이 속한 조직이 생산하는 콘텐츠에 관해 주로 다룬다. 당신이든 당신이 속한 조직이든 간에 모든 콘텐츠를 생산할 수는 없다. 소셜 미디어 구독자들은 엄청난 이야기와 사진, 영상에 있어 끊이지 않는 잠재적 원천이다. 스마트폰의 대중화는 모든 구독자들이 즉석에서 현재 진행 중인 사건의 이미지를 캡처하고 보낼 수 있다는 말이다.

냉혹한 상업적 기준으로 보면 이 콘텐츠들은 무료라는 장점이 있다. 내가 동시에 여러 곳에 존재할 수는 없는 법. 구독자들이 생산하는 콘텐츠를 활용하면서 비용을 들이지 않고 고품질의 이미지를 모을 수 있다. 자신의 콘텐츠를 위해 구독자들의 참여를 요청하고 사용한다. 이는 자신의 콘텐츠 품질을 향상시킬 뿐만 아니라 신뢰성 또한 높이는 길이다. 그 내용은 급박한 사건 현장의 이미지일 수도 있고 특정 주제에 대한 사람들의 의견 또는 무엇에 대해 그들이 열정적인 관심을 가지고 있는지가 될 수도 있다. 정기적으로 UGC^{User Generated} Contents(사용자가 직접 제작한 콘텐츠-옮긴이) 이벤트를 개최하고 최고 제출 작품에 상을 수여할 수도 있다. 독자들로부터 제공받은 사진을 게재하는 《내셔널 지오그래픽》이 전형적인 사례다. 사람들은 이렇게 저명한 잡지에 자신의 사진을 게재하기 위해 경쟁한다. 동시에 잡지 회사는 놀라운 사진들로 특혜를 누린다.

최고의 콘텐츠는 그저 방송하고 사람들이 듣기를 바라는 것이 아니라 대화가 가능해야 한다. 사람들은 요청받는지와 상관없이 자신들의 콘텐츠를 공유하고 싶어 한다. 물론 그들의 동의는 필요하다. 또한 UGC의 내용을 검증해(특히 뉴스 보도를 위해서는 주의 깊게) 문제의 소지가 있는지 확인한다.

사용자가 만든 콘텐츠는 종종 놀라운 내용을 담고 있다. 계획을 통해서는 가능하지 않은 믿기지 않는 창의성을 보여 주는 예도 많다. 콘텐츠를 보내 주는 사람들을 더 많이 보유할수록 더 창의적인 아이디어가 넘치는 네트워크를 운영할 수 있다.

영향력 있는
인플루언서

자신을 팔로우하는 사람들 중 소수의 특정 사람들이 특히 영향력이 강하다는 것을 발견할 수 있다. 트래픽 분석을 해보면 자신의 콘텐츠를 정말 많은 수의 팔로워에게 자주 공유하는 사람이 있다. 커뮤니티 회원 중에서 다른 회원들에게 인기가 많은 정말 말 많은 사람일 수도 있고 매번 신랄한(하지만 정확한) 비판을 퍼붓는 정말 짜증나는 사람일 수도 있다.

이런 인플루언서들과 협업을 하면 UGC 활용을 또 다른 수준으로 높일 수 있다. 이들을 찾아내서 메시지를 주고받을 수 있다면 콘텐츠의 효과를 배가시킬 수 있다. 회사에서 새로 출시한 피트니스 제품을 홍보한다고 하자. 이미 브랜드 자체의 많은 소셜 미디어 팔로워들이 있다. 그중 소수의 열정적인 고객들이 있다.

제품이 출시될 때 홍보를 할 수 있는 디지털 콘텐츠를 만들어야 한다. 그런데 만약 혼자서 콘텐츠를 만든다면 소중한 기회를 놓칠 수 있다. 열정적인 소수의 고객들에게 연락을 취하고 시제품을 제공하는 대신 사용 평가 영상을 받아 이를 팔로워들과 공유하는 것은 어떤가?

이는 자신의 콘텐츠에 수많은 장점을 선사한다. 솔직한 평가가 명백한 마케팅 자료보다 더 진실하고 신뢰할 수 있기 때문에, 제품에 관심이 있는 사람들이 더 가치 있는 평가로 여긴다. 영상 리뷰는 시간과 비용이 거의 들지 않고, 이미 지지해 주는 팔로워들을 더 긍정적으로 만든다.

온라인상에는 의미 없는 부정적인 댓글을 다는 항상 화가 나 있는 사람들도 존재하므로 자신이 만든 콘텐츠가 매우 나쁜 평가를 받을 수도 있다. 문제는 구독자들이 찾아내거나 유명인사가 합리적인 비판을 할 수도 있다. 그런데 인간의 자연스런 반응은 이런 부정적인 반응을 회피하거나 무시하고 싶어 한다는 것이다. 하지만 진정으로 자신의 콘텐츠를 개선하고 충성스런 구독자를 만들고 싶다면 잘못된 점들은 고쳐 나가야 한다. 이런 사람들 중 연락이 가능한 이들을 찾아서 더 상세한 의견을 구해라. 힘이 좀 들겠지만 자신의 작업 결과물이 개선될 것이다.

자신을 팔로우하는 사람들 중에서 꼭 인플루언서들을 찾을 필요는 없다. 피트니스 신제품 사례로 돌아가 보자. 피트니스 관련 온라인 세계에서 누가 가장 영향력이 센지 찾는다. 소셜 미디어 유명인일 수도 있고 피트니스 영상을 올리는 블로거나 스포츠 작가일 수도 있다. 그들과 연락을 해서 신제품을 사용하거나 평가해 줄 수 있는지를 알아본다. 이런 과정을 통해 자신의 콘텐츠를 완전히 새로운 잠재 고객들에게 노출할 수 있다. 가장 영향력이 큰 디지털 인플루언서는 제품을 홍보하는 데 비용을 청구할 수도 있지만 꼭 이런 사람들과만 일을 해야 할 필요는 없다. 작은 규모지만 충성스런 구독자를 보유한 누군가가 신제품을 평가해 준다면 자신의 일에 커다란 날개를 달게 될 것이다.

신뢰도는 효과적인 커뮤니케이션을 위한 가장 중요한 측정치다. 사람들은 비용을 많이 들인 화려한 상업적 광고에 질려 있다. 광고 영상의 설득 대상이 된다는 것이 무엇을 의미하는지 더욱 잘 알고 있다. 그래서 동질성이 있는 집단의 평가와 신뢰도 있는 댓글들이 가장 믿을 수 있는 형식의 콘텐츠가 되고 있다. 인플루언서들과의 협업을 통해 그들의 목소리를 얻을 수 있다면 신뢰도를 최대한 높일 수 있다

무언가
잘못되었을 때

여기까지 커뮤니티 구축의 장점에만 초점을 맞췄는데 어느 시점에서는 필연적으로 뭔가 잘못될 수 있다. 얼마나 많이 대비했는지, 얼마나 콘텐츠를 안전하게 만들었는지와는 상관없이 매번 순조롭게 일이 풀리지는 않는다. 그 순간 엄청난 스트레스를 받을 수 있지만 긍정적으로 그 속에서 뭔가를 배울 수 있는 기회가 되기도 한다.

디지털 커뮤니케이션의 속도는 이런 실수들을 더욱 공포스럽게 만든다. 오랜 시간 공들여 작업한 콘텐츠에서 당황스럽게 오자가 발견되고 구독자들의 혹독한 댓글들만 쏟아진다. 서두르다가 그만 계획한 콘텐츠 대신 핸드폰에 저장된 개인 사진을 소셜 미디어에 올린다. 더욱 심각하게는 제작할 때는 아무런 문제가 없다고 생각했지만 온라인에 게시된 이후에 사람들이 부적절하고 공격적이라 평가할 수도 있다. 큰 회사를 위해 소셜 채널을 관리하던 중 갑자기 심각한 논쟁에 휘말리기도 한다.

인플루언서와의 작업이 효과적인 커뮤니케이션 기법인 반면 위험이 없는 것은 아니다. 인플루언서들은 콘텐츠에 자신만의 글을 포함시킬 수 있기를 바라고 이는 자신의 구독자들과는 방향이 맞지 않을 수도 있다. 그들이 만든 콘텐츠가 역효과를 불러일으킨다면 브랜드 이미지에도 악영향을 미친다. 반드시 믿을 수 있고 잘 아는 인플루언서들과만 작업해야 한다.

크고 작은 문제들이 발생하겠지만 이를 예방할 수 있는 몇 가지 방법들이 있다.

편집적 판단

편집적 판단력을 쌓는 일의 중요성은 이미 여러 번 거론했다. 이런 감각은 부적절한 콘텐츠의 공개를 예방하는 데 도움이 된다. 온라인에 게재하기 전에 스스로에게 몇 가지 질문을 하는 것이 좋다. 이 콘텐츠가 잘못 이해될 가능성은 없는가? 타깃 독자들에게 적절한 내용인가? 게재 시기는 적절한 타이밍인가? 예를 들어 유명인의 국가적 추도 기간에 코미디물을 올리고 싶지는 않을 것이다. 어떤 콘텐츠가 자신의 구독자들에게 올바를지 판단할 수 있는 능력이 실수를 막을 수 있는 최선의 방책이다.

채널의 안전성 점검

소셜 미디어에서 계정을 해킹당하는 문제가 갈수록 심각해지고 있다. 살짝 당황스러운 정도(해고된 직원이 회사 홈페이지에 불만 사항을 올리는)에서부터 완전한 재앙 수준(백악관 홈페이지가 테러리스트에 의해 해킹을 당하는)까지 다양하다. 자기 계정의 안전을 최대한 확보해라. 모든 소셜 미디어 회사들은 계정의 안전을 위한 주의사항들을 고시하고 있다. 누가 자신의 채널에 접근하는지 주의 깊게 살피고 정기적으로 점검한다.

두 번째 눈

아무리 세심한 주의를 기울인다 해도 실수는 항상 미세한 틈을 노린다. 오자일 수도 있고 점프 컷이나 사실 오류일 수도 있다. 자신이 제작한 콘텐츠를 점검해 줄 수 있는 누군가를 구해라. 콘텐츠 자체에 대해 다시 생각할 수 있는 의견을 받을 수도 있고 공개한 이후에 실수가 발견되었을 때 자신을 대신해 문제를 처리할 수도 있다.

구독자 파악하기

콘텐츠 기준으로 무엇이 옳고 적절할지는 각 구독자 그룹에 따라 다르다. 무슨 콘텐츠가 효과를 발휘하고 무엇이 후폭풍을 불러올지 판단하는 감각을 개발하기 위해서 구독자를 파악하는 일이 중요하다. 구독자들이 원하는 콘텐츠를 제공하는 동시에 창의적인 시도가 주는 위험성을 무릅쓰더라도 경계선을 돌파하려고 시도한다. 물론 말처럼 쉬운 일은 아니다.

실수에서 배우기

실수를 인정하고 무슨 일이 있었는지 정확히 돌아본다. 이런 일이 다시 일어나는 것을 막기 위해 무엇을 할 수 있는지 생각해 본다. 자신이 콘텐츠를 만드는 과정을 개선해야 할 수도 있고 구독자들과의 대화를 더 늘려야 하거나 콘텐츠를 만들 때 특정 스타일은 배제해야 될 수도 있다.

실전
연습

온라인 커뮤니티 구축을 할 때 도움이 되는 훈련이다. 틈새시장을 노리는 아주 작은 커뮤니티도 엄청나게 효과적일 수 있다. 자기 자신을 위한 커뮤니티는 수요가 높은 기술을 가지고 있다는 것을 고용주들에게 보여 주는 명백한 증거로 써먹을 수 있다. 그리고 자신이 실질적으로 디지털 구독자들을 구축할 수 있다는 점을 보여 준다.

먼저 자신이 열정을 갖고 있는 주제를 선정해라. 이는 하키나 보드게임과 같은 취미일 수도 있고 지역 공동체의 현안 이슈일 수도 있다. 커뮤니티 콘텐츠 전략을 만들어라. 다음과 같이 계획을 짜 보자.

- 어떤 디지털 채널들을 사용할 것인가?
- 무슨 콘텐츠를 제작하여 해당 구독자들과 교류할 것인가?
- 어느 정도 규모의 구독자들을 원하는가?
- 커뮤니티 성공의 기준은 무엇인가?

위 사항들을 결정했다면 부지런히 커뮤니티를 만든다. 커뮤니티 구축을 위해서 '현실 세계'에서 약간의 마케팅을 해야 한다. 하지만 열정을 공유하며 커뮤니티 구축을 도와줄 사람이 있다면 많은 도움이 된다.

일단 기본 작업을 끝내고 적은 수의 팔로워를 확보하면, 생중계 대화형 콘텐츠 이벤트나 특정 콘텐츠를 제작할 수 있는 테마 캠페인을 계획해 본다.

이런 노력들이 성공적인 결과로 이어지고 다른 연습들과 결합되면 자신은 훌륭한 콘텐츠뿐만 아니라 구독자 구축의 증거도 확보할 수 있기 때문에 구직 가능성이 훨씬 높아질 것이다.

PART 06

평가를 통해
통찰을
얻는 법

_ 성공 여부를 알 수 있는 유일한 방법은 효과적인 평가를 통해서다.

_ 분석을 통해 콘텐츠에 대해 막대한 내용을 알 수 있다.

_ 신호를 잘못 해석하거나 숫자의 크기만 보는 실수를 조심한다.

디지털 콘텐츠의
올바른 평가 방법

믿을 만한 데이터에 근거해 평가를 해봐야 실제 하는 일의 효과를 알 수 있다. 디지털 광고의 세계에서는 측정이 가능하다. 정확하게 특정 고객을 타깃으로 할 수 있고 광고가 얼마나 인기가 있는지 측정할 수 있다. 이러니 '전통적인' 광고가 놀라운 속도로 감소하는 것은 당연한 일이다.

콘텐츠에 대한 상세한 평가는 조회 수에서부터 구독자에 대한 상세한 이해까지 다양한 내용을 알 수 있게 해준다. 적절한 평가는 자신이 만드는 모든 콘텐츠와 캠페인의 계획에 포함돼야 한다. 어떤 평가 방법을 사용할지와 무엇을 대상으로 할지에 대한 결정이 습관처럼 몸에 배야 한다. 상세한 평가 방법 없이는 무엇이 효과적인지 가이드와 통찰을 얻을 수 없다. 평가는 또 구독자 트렌드를 찾아내는 데 도움을 주고 이용할 수 있게 해준다. 구독자에 대한 분석 결과를 통해 이전에는 생각해 본 적이 없었던 주제에 흥미를 느끼고 있는 사람들을 발견할 수 있다.

올바른 평가 방법을 찾는 것은 이론의 여지없이 평가에서 가장 중요한 부분이다. 어떤 영상은 빠른 속도로 엄청난 숫자의 초기 조회 수를 기록한다. 그러나 단지 흥미로운 첫 화면 때문일 뿐 몇 초간 지켜본 후 사람들이 고개를 돌렸다는 분석이 나올 수도 있다. 초기 조회 수는 높았지만 겨우 2퍼센트의 구독자만이 마지막까지 시청을 했다면 이 영상은 성공적인가? 만약 초기 조회 수를 평가의 지표로 선정했다면 이 비디오는 엄청난 성공이다(자신의 계획에 따르면). 그렇지만 슬프게도 이 영상은 명백히 효과가 없다.

이런 상황에서는 10초나 30초 때의 조회 수로 측정하는 것이 더 낫다. 이 숫자는 얼마나 많은 사람들이 의미 있게 시청했는지를 알 수 있게 해준다. 또 이 정보를 앞으로 콘텐츠를 개선하는 데 이용할 수 있다. 만약 중요한 정보를 영상의 끝부분에 위치시켰다면 시청자 중 압도적인 다수는 이를 보지 못한다. 이제부터는 필수 정보를 영상의 앞부분에 위치시켜야 한다는 것을 알 수 있다.

고용주에게 자신이 콘텐츠를 효과적으로 평가할 수 있다는 것을 보여 주면 자신의 콘텐츠 제작 기술은 더 높은 평가를 받을 수 있다. 너무 자주 사람들은 콘텐츠 제작 자체에만 집중한다. 하지만 평가 또한 할 수 있다는 것을 보여 주면 많은 기술자들 사이에서 돋보일 수 있다.

하지만 적절한 평가란 무엇일까? 얻을 수 있는 정보가 너무 많기 때문에 숫자의 늪에 빠져 허덕이기 쉽다.

좋은 평가는 반드시:

- 목표 대비 성공률(또는 실패율)을 측정한다.
- 미래에 콘텐츠를 개선할 수 있는 통찰을 제공한다.
- 출력값뿐만 아니라 입력값 또한 측정한다.
- 명료하고 알기 쉬워야 한다.

각각의 사항이 왜 문제가 되는지 하나씩 자세히 살펴보자.

훌륭한 콘텐츠의 제작은
시작에 불과하다

자신의 콘텐츠가 효과적이라는 것을 증명하는 일은 자기만족을 위한 일이 아니다. 왜 자신이 제작한 콘텐츠가 구독자들에게 인기가 많은지 디지털 편집 데스크에 보여 줘야 한다. 광고주를 위해 콘텐츠를 만든다면 사전에 설정한 목표치 대비 성공률을 보여 줘야 한다. 공공 영역이나 자선 행위에 동참하고 있다면 투입 비용을 효과적으로 사용하고 있다는 것을 보여 주기 위해 평가를 해야 한다.

좋은 평가에는 어떤 요소들이 포함돼야 하는지 살펴보자.

목표 대비 콘텐츠의 성공(또는 실패) 측정하기

콘텐츠를 제작하기 전에 일회성이든 장기 캠페인의 일환이든 상관없이 목표를 설정하는 것이 중요하다. 복잡하거나 여러 가지일 필요는 없지만 콘텐츠의 성공을 미리 규정해 놓을 필요가 있다. 때때로 이런 목표들은 명확하게 나타날 수 있다. 웹 사이트를 클릭하는 특정한 수의 사람들을 끌어들이려는 광고 콘텐츠를 제작한다면 조회 수를 측정하는 것이 중요하다. 평가에 있어서 좀 더 구체적일 필요가 있다. 대개는 그저 '내 콘텐츠가 인기가 많으면 성공한 거야'라고 생각하고 싶어 한다. 자신과 자신의 팀을 위해 목표를 설정하는 일은 콘텐츠가 성취하려는 바에 집중할 수 있게 도와준다.

SMART 기준법은 효과적인 목표 설정을 도와준다. 다음의 표에 제시돼 있다.

SMART 콘텐츠 효율 측정을 위한 목표 설정법

	SMART	NOT
구체성Specific	피트니스에 관심이 많은 18세에서 21세 남성	젊은 사람들
측정 가능성Measurable	영상 조회 수 20,000	사람들을 감동시키기
성취 가능성Achievable	이전 20,000 방문 횟수를 참조해서 이번 영상은 25,000회 달성하기	만약 1억 회의 방문 수를 기록하면 대단하지 않을까
관련성Relevant	새 웹 사이트를 개설해서 독자적 방문 수를 측정	새 웹 사이트를 개설해서 리트윗 횟수를 측정
시의성Timely	24시간 내에 평균 조회 수를 넘겨야 함	조회 수가 늘어가는 한 만족함

콘텐츠 제작 측면에서 SMART 목표를 사용하는 습관을 들이면 올바른 길을 가고 있는 것이다. 시간이 흐르면서 목표가 달라질 때마다 정기적으로 목표를 점검하는 것이 좋다.

통찰력 제공

 분명히 이 책이 모든 해답을 담고 있지는 않다. 그리고 한 구독자 그룹에 맞는 것이 다른 그룹에도 맞는 것도 아니다. 만약 팀으로 일하고 있다면 어떻게 타깃 구독자들과 공명할 수 있는지 정기적으로 자신의 작업을 검토하는 것이 중요하다. "정말 아름다운 디자인을 만들어 내셨군요"라는 평가를 들으면 기쁘기야 하겠지만 무슨 쓸모가 있겠는가.

 효율적인 평가는 다음번에 더 나은 작업을 할 수 있게 도와주는 가치 있는 통찰이 들어 있어야 한다. 모든 리뷰나 평가 문서는 '배울 점' 항목이 포함돼야 한다. 로켓역학처럼 정밀할 필요까지는 없다. 간단한 교훈도 역시 소중하다. 예를 들어 많은 미디어 종류를 동원한 장기 캠페인을 운영하고 있다고 하자. 일단 분석 결과 검토를 마쳐 보니 애니메이션은 일반적으로 끝까지 시청을 했고 영상은 몇 초 만에 시청을 포기했다는 결과가 나왔다. 그래서 다음번에는 타깃 독자들에게 더 효과 있는 애니메이션을 많이 제작해야 된다는 교훈을 얻는다. 이는 또한 평가가 반드시 캠페인이 종결된 후에 실시해야 되는 것은 아니라는 점을 보여 준다. 시간이 허락한다면 수시로 진행하는 것이 제일 좋다. 왜 작업을 개선시킬 기회를 뒤로 미루겠는가.

 마지막으로 이런 통찰들을 할 수 있는 한 널리 공유하는 것이 좋다. 디지털 콘텐츠의 세계에서 사람들은 항상 어떤 아이디어가 효과가 좋고 또 그렇지 않은지 공유한다. 그래서 사람들이 자신을 신선한 통찰력을 가진 믿을 만한 출처로 보기 시작한다면 이는 또한 업계 내에서 자신의 인지도를 올리는 훌륭한 방법이다.

디지털 콘텐츠는
처음입니다만

출력값 뿐만 아니라 입력값도 측정하기

자신이 만든 콘텐츠가 효과적인지를 측정하는 것은 좋은 일이다. 하지만 제작하는 데 시간은 얼마나 들었는가? 비용은 얼마가 들었는가?

사업을 운영하고 있다면 이는 반드시 몸에 밴 습관이 되어야 한다. 자신이 하는 모든 일에 비용 대비 수익 비율을 따져 봐야 하고 이는 콘텐츠 제작에도 동일하게 적용된다. 콘텐츠 제작에 얼마나 많은 자원이 들어갔는지도 평가해라. 투입 비용을 살펴보지 않아도 될 만큼 아주 간단한 콘텐츠까지 이런 수고를 할 필요는 없겠지만 이런 평가는 아주 가치 있는 일이다.

팀을 운영하고 있다면 이는 대단히 중요하다. 콘텐츠 제작에 팀원들이 얼마나 많은 시간을 들이는지 그리고 그만큼의 가치가 있는지를 모니터한다. 구독자들이 빨리 영상 인터뷰를 촬영해서 생방송하기를 원한다면 두 사람이 며칠 동안 복잡한 스토리텔링을 제작해야 할 까닭이 있는가? 효율적인 콘텐츠란 단지 구독자들에게 인기만 있으면 되는 것이 아니라 한정된 자원을 과도하게 빼앗아서는 안 된다.

누구든 명료하게 이해할 수 있을 것

좀 어려울 수 있다. 강력한 한 편의 콘텐츠에 자신의 심장과 영혼을 쏟아 넣어 만들었는데 구독자들에게는 완전히 냉대 받을 수도 있다. 실패했다고 또는 실수를 했다고 인정하기는 절대 쉽지 않다. 하지만 평가를 통해 두 가지 효과를 얻을 수 있다. 성공을 도모할 수 있는 확고한 근거를 구할 수 있을 뿐 아니라 목표를 성취하지 못한 부분을 부각시켜 준다. 이를 기분 나쁘게 받아들여서는 안 된다. 그리고 배울 점을 알아내야 발전하고 성장할 수 있다.

그 주나 그 달에 만든 콘텐츠를 리뷰하기 위한 정기적인 미팅을 팀원들과 가져라. 무엇이 효과가 있었고 없었는지를 명료하게 모든 사람이 이해했다면 새로운 발견을 재빨리 흡수해서 장기적인 성공을 보장받을 수 있다.

평가할 때
자주 쓰이는 용어

디지털 평가에는 많은 용어들이 사용된다. 각 용어의 미묘한 의미 차이를 이해하는 것이 중요하다. 그래야 자신의 작업을 자신 있게 평가할 수 있다. 많은 소셜 네트워크나 플랫폼들이 약간씩 다른 평가 방법을 사용한다. 'Reach on Facebook'은 표현은 유사하지만 트위터에서는 동일한 의미로 쓰이지 않는다.

다음은 어떤 평가 방법이 측정에 좋고 나쁜지에 대한 가이드와 가장 빈번하게 사용하는 표현들에 대해 설명해 놓았다.

반송률 Bounce rate

반송률은 웹 사이트에 쓰이는 평가법이다. 이는 웹 사이트에 접속해 한 페이지만 본 후 나가는 사람들의 비율이다. 일반적으로 이 비율을 최대한 낮추려 애쓴다. 만약 반송률이 높다면 사람들이 해당 사이트를 지루해하거나 도움이 되지 않는다고 생각하는 것으로 해석된다.

미리 정해져 있는 '적절한' 반송률 기준은 없다. 반복해서 측정하고 이를 낮추려 노력해야 한다. 일반적으로 25퍼센트 이하를 얻기는 매우 힘들고 60퍼센트를 넘는 수치는 좋지 않다. 웹 사이트가 높은 반송률로 고전하고 있다면 구독자가 사이트 내부를 좀 더 편하게 돌아다닐 수 있게 디자인과 콘텐츠를 개선하거나 적절한 구독자를 대상으로 하고 있는지 점검해 본다. 속도 또한 주요 처리 대상이다. 웹 사이트가 화면에 뜨는 속도가 느리고 돌발적인 팝업창이 많다면 사람들은 바로 떠난다.

- **사용 목적:** 구독자들에게 적절히 효과를 발휘하고 있는지 조사할 때.
- **주의할 점:** 이 수치를 무시하지 마라.

클릭 수 Clickthroughs

클릭 수는 자신의 콘텐츠를 통해 웹 사이트를 방문한 사람들의 수를 의미한다. 이는 트윗한 링크, 이메일, 영상 내에 심어 놓은 '방문하기 visit us' 버튼이나 광고 캠페인으로부터 간단하게 나온다. 이는 클릭 수 혹은 클릭률 clickthrough rate, CTR 로도 표현한다. 클릭률은 콘텐츠를 본 사람들이 실제 클릭을 한 비율을 말한다.

특히 비용을 지불한 광고 캠페인을 하고 있다면 이는 매우 중요한 평가 방법이다. 자신의 웹 사이트 트래픽을 올리기 위해 비용을 지불하고 있다면 눈을 떼지 말아야 할 숫자다. 낮은 CTR은 콘텐츠가 명확하지 않거나 재미가 없다는 것을 의미한다. 높은 CTR은 자연히 그 반대다.

- **사용 목적:** 콘텐츠가 자신의 웹 사이트로 구독자들을 유인하는 데 얼마나 효과가 있는지 측정할 때.
- **주의할 점:** 광고 캠페인이 아니더라도 항상 자신의 콘텐츠가 얼마나 클릭을 잘 유도하는지 점검한다.

참여 수 Engagements

참여는 매우 중요한 평가 방법이다. 얼마나 많은 사람들이 자신의 포스트나 콘텐츠에 응답했는지를 보여 주는 지표다. 여기에는 구독자들이 콘텐츠를 찾아본 결과들인 댓글, 좋아요, 공유하기, 팔로잉뿐만 아니라 부정적인 행위로 보고나 언팔로잉하는 것까지 포함한다. 사람들이 어떤 방식으로든 반응하기 위해 개인 시간을 들였는가에 따라 콘텐츠가 얼마나 흥미로운지를 보여 준다.

숫자가 크다고 해서 반드시 긍정적인 신호인 것은 아니다. 만약 팔로워들이 절대적으로 혐오하는 콘텐츠를 올린다면 엄청난 참여율을 기록할 수 있다. 하지만 이것이 자신의 구독자들을 만족시켰다고 말할 수는 없다. 그렇지만 일반적으로는 구독자의 참여를 최대한으로 이끌어 내려 애쓴다. 꼭 참여 수의 내용을 확인해서 올바른 방향으로 가고 있는지 점검해라.

- **사용 목적:** 자신의 콘텐츠가 구독자들에게 어느 정도의 흥미를 주는가를 분석할 때. 사람들이 구체적으로 각기 어떻게 반응했는지를 상세하게 조사한다.

- **주의할 점:** 참여 수가 모두 긍정적이라 가정하는 것.

참여율Engagement rate

참여율은 노출 횟수 대비 참여 수의 비율적 표현이다. 만약 1,000번의 노출에서 100번의 참여가 있었다면 참여율은 10퍼센트다. 세계적 평균 같은 것은 없다. 그렇지만 일반적으로 1~2퍼센트가 경험칙으로 볼 때 평균적이다.

- **사용 목적:** 콘텐츠의 활용도를 측정하기 위한 벤치마크를 설정할 때 그리고 구독자들이 각 경우에 활동성이 어떻게 증감하는지를 조사할 때.
- **주의할 점:** 참여율을 결정하는 참여 수가 모두 긍정적이라고 가정하는 것.

노출 수Impressions

콘텐츠가 노출된 횟수를 의미한다. 이 숫자는 콘텐츠를 본 사람들의 숫자가 아니다. 한 사람이 여러 번 같은 콘텐츠를 볼 수도 있다. 대개는 평가방법 중 가장 큰 숫자다.

- **사용 목적:** 브랜드의 인지도나 콘텐츠의 전체적인 유통 정도를 측정할 때.

• **주의할 점:** 콘텐츠가 얼마나 효과적인지를 보여 주는 지표로 사용하는 것. 많은 사람들이 봤지만 아무도 실제 구체적으로 살펴보지 않을 수도 있다. 이는 전혀 효과적이지 않다.

유기적인 방식과 비용을 지불하는 방식Organic and paid

소셜 미디어는 광고를 통해 비용을 조달한다. 소셜 미디어에 페이지를 운영하고 있다면 일반적인 방식 혹은 더 많은 사람에게 노출하기 위해 비용을 지불하는 방식으로 중 하나를 선택해 게시물을 올릴 수 있다. 분석 결과들을 보면 유기적, 즉 일반적으로 게시된 방식과 또는 광고와 비용이 지불된 방식으로 나뉘는 것을 볼 수 있다. 경험칙으로 생각해 볼 때 일반적으로 이미 인기가 있어서 유기적 도달률이 높은 콘텐츠를 비용을 지불하는 방식으로 더 노출을 넓히는 것이 합리적이다.

페이지뷰Pageviews

페이지뷰는 노출 수와 유사하다. 이는 단순히 웹 사이트가 몇 번 조회되었는지를 의미한다. 순방문자 수와 다르다는 것을 유념한다. 페이지뷰는 사이트를 방문한 사람의 수가 아니라 조회 수다. 만약 사람들이 날마다 체크하는 뉴스 사이트를 운영한다면 페이지뷰는 순방문자 수보다 훨씬 큰 숫자를 나타낼 것이다.

- **사용 목적:** 사이트의 어떤 부분이 얼마나 인기가 있는지 측정할 때. 또 광고주에게 사이트와 콘텐츠가 얼마나 재미있고 가치가 있는지 증명할 때 사용한다.
- **주의할 점:** 특정 콘텐츠가 얼마나 효과적인지 측정하는 데 사용하는 것.

도달 수Reach

도달은 콘텐츠 한 편을 본 사람들의 단순한 숫자다. 노출 수와는 다르다. 한 사람이 하나의 포스트를 열 번 볼 수 있지만 이는 여전히 하나의 도달이 된다. 일반적으로 팔로워들의 반복적인 조회로 노출 수보다 살짝 적은 숫자로 나온다. 콘텐츠가 널리 보일 수 있는 방법을 찾기 위해 어떻게 도달 수가 증가하고 감소하는지 반드시 반복해서 파악한다.

- **사용 목적:** 브랜드의 인지도나 콘텐츠의 전체적인 유통 정도를 측정하는 방법.
- **주의할 점:** 콘텐츠가 얼마나 효과적인지를 증명하는 용도(노출 수의 경우와 같이).

감정 분석Sentiment

감정은 사람들이 콘텐츠나 브랜드 등의 주제에 대해 무슨 생각을 하는지 측정하기 위한 평가다. 확실히 일일이 손으로 모든 댓글들을 살피고 긍정적인 글과 부정적인 글의 비율을 구하는 것은 어마어마한 시간이 들어간다. 감사하게도 사람들이 사용한 단어들을 살펴서 자동적으로 이 작업을 수행해 주는 강력한 분석 도구들이 많이 나와 있다. 이는 참여도 평가 결과와 결합해 콘텐츠가 어떻게 역할을 하고 있는지 상세한 그림을 그려 준다.

흔히 말 구름Word clouds이 이런 도구들에 의해 만들어진다. 콘텐츠에 대해 사람들이 어떤 문구들을 사용했는지를 보여 준다. 이는 구독자들이 무엇에 흥미를 느끼는지 그리고 트렌드가 무엇인지 알아내는 데 도움을 준다. 하지만 감정 분석이 그렇게 쉽지는 않다. 분석도구들이 강력하기는 하지만 완벽하지는 않다. 예를 들어 그런 도구들은 냉소적인 내용을 구분하지 못하고 긍정적 댓글로 분류하기도 한다. 그러므로 어떤 감정 분석이든지 인간의 눈으로 재분석해야 할 필요가 있다. 자동화된 도구에 의한 감정 분석을 점검하고 올바르게 수행되었는지 확실히 해두면 된다. 긍정적, 부정적, 무관심으로 댓글들과 콘텐츠를 분류해서 구독자들의 분위기가 어떤지를 살펴보라.

- **사용 목적:** 구독자들이 무슨 생각을 하는지와 무슨 주제에 대해 열정적인지를 찾아낼 때.
- **주의할 점:** 원본 감정 분석 결과치를 액면 그대로 믿는 일.

순방문자 수Uniques

순방문자는 때때로 사용자라고 부른다. 이 숫자는 의미가 헷갈릴 수 있지만 웹 사이트를 방문하는 사람들의 숫자를 측정하는 것과 비슷하다. 까다로운 부분은 대부분의 사람들이 다수의 기기와 브라우저를 가지고 있다는 점이다. 예를 들어 직장에 컴퓨터가 있고 개인 태블릿 그리고 또 스마트폰이 있다. 하루가 끝날 무렵이면 자주 이용하는 뉴스 사이트에 이 모든 기기들을 통해 방문했을 것이다. 분석 결과는 이를 세 명의 순방문자 또는 사용자로 측정한다. 실제로는 한 사람인데도 불구하고 말이다!

- **사용 목적:** 얼마나 많은 사람들이 방문했는지를 측정할 때(완벽하지는 않지만). 구독자 수의 증감을 점검하고 얼마나 많은 사람이 사이트로 들어오는지 페이지뷰와 비교해 검토할 때.
- **주의할 점:** 사이트를 방문하는 사람들의 수와 정확하게 일치할 것이라 생각하는 것. 충성스런 구독자가 어떻게 되는지 알 수 있게 페이지뷰와 같이 검토하는 것이 필수적이다.

비디오뷰 Video views

아마 글자 그대로 생각할 수도 있다. 즉, 얼마나 많은 사람들이 비디오를 봤는가. 하지만 그렇게 간단하지는 않다. 비디오뷰는 실제 무엇을 세는 것일까? 각각의 플랫폼은 각각 다른 방법으로 조회 수를 측정한다. 페이스북이 새 영상 플레이어를 발표했을 때 3초를 하나의 조회로 측정했다. 대부분의 페이스북 영상은 자동 재생된다. 사람들이 스크롤해 지나가면서 각 영상은 3초간의 재생시간을 갖는다. 그래서 이 숫자는 별로 도움이 되지 않는다. 유튜브는 30초를 하나의 조회 수로 계산한다. 그러므로 사용하는 플랫폼이 조회 수를 어떻게 측정하는지 주의 깊게 점검하는 것이 중요하다.

만약 자신이 사용하는 플랫폼이 이 숫자를 제공하면 시청 지속률에 주목해라. 사람들이 얼마나 오래 시청하는가. 이는 대개 그래프로 표현된다. 영상의 특정 지점에서 급속도로 사람들이 시청을 중단한다면 왜 그런지 이유를 파악해라.

- **사용 목적:** 얼마나 많은 사람들이 영상을 봤는지 측정할 때.
- **주의할 점:** 초기 조회 수만 측정하는 것. 얼마나 많은 사람들이 10초 또는 30초 시점까지 시청했는지 살펴야 한다.

평가할 때
흔히 범하는 실수

평가에서 사람들이 저지르는 가장 큰 실수는 아무런 시도도 하지 않는다는 것이다. 콘텐츠에 대한 가장 간단한 분석을 하는 것만으로도 다른 사람들에 비해 잘하고 있다. 이번 장에서 다뤘듯이 정기적으로 팀의 콘텐츠를 점검하는 것을 습관화하는 것이 중요하다. 이를 통해 작업이 올바른 방향으로 가고 있는지 확인할 수 있다. 그렇다고 평가하는 데 시간을 지나치게 쓰지 않도록 한다.

의미 없는 숫자들

콘텐츠들에 대한 통계를 처음 접했을 때 일단 큰 숫자부터 찾는 것은 자연스런 행동이다. 소셜 미디어에 영상을 공개했다면 도달 수가 영상 조회 수보다는 더 크다. 그리고 10초 기준 조회 수가 30초 기준 조회 수보다 크다. 당연히 후자가 더 의미 있지만 동료들에게는 큰 숫자를 말해 주는 것이 기분이 좋다. 이런 유혹에 빠지지 않는 것이 중요하다.

돈이 관련되어 있을 때는 의미 없는 숫자들을 더욱 민감하게 대해야 한다. 양심 없는 디지털 에이전시들은 그저 보기 좋게 하려고 가장 큰 숫자를 제시하려 든다. SMART 목표를 설정하고 어떤 측정 지표가 중요한지 다른 조직에 분명히 알리면 이러한 문제를 방지할 수 있다.

의미 없는 숫자지만 역할은 있다. 바쁜 상급자들에게 디지털 콘텐츠의 가치를 이해시킬 때 큰 숫자를 사용해야 하는 경우가 있다. 하지만 자주 사용해서는 안 된다.

호두를 깨먹기 위해 대형 해머를 사용하는 것

디지털 분석 시장이 급성장하면서 많은 종류의 성능 좋은 분석 패키지들이 출시되었다. 이런 도구들은 막대한 양의 데이터를 흡수해서 매우 복잡한 분석을 해낸다. 그리고 데이터를 예쁜 그림으로 시각화하여 보여 준다.

판매인들이 무슨 말을 할지 모르겠지만 이런 패키지들을 효과적으로 사용하기 위해서는 많은 훈련과 기술이 필요하다. 많은 조직이나 팀들이 이들을 이용해 편하게 분석을 성공시키려 하지만 많은 훈련 없이는 시간 낭비가 될 수 있다. 대부분의 팀들이 실제 측정을 원하는 데이터보다 흔히 필요 이상으로 복잡한 분석을 한다. 그리고 분석 결과가 복잡해지면서 모든 사람을 이해시키기가 힘들어진다. 각 분석의 의미는 있겠지만 그런 다목적의, 만능의 분석 도구들을 구매하기 전에 신중하게 생각할 필요는 있다. 소셜 네트워크나 웹 사이트에서 무료로 제공하는 분석 방법들로도 충분히 사람들의 필요를 만족시킬 수 있다.

충분하지 않은 데이터

모든 의미 있는 사용자 조사를 원할 때 최대한 정확도를 기하기 위해 충분한 데이터를 모아야 한다. 예를 들어 어떤 콘텐츠를 구독자들이 더 원하고 덜 원하는지를 알아내기 위해 설문을 할 때 열 명에게 물어봐서는 의미 있는 양의 데이터를 얻을 수 없다. 설문조사를 할 때 최소한의 기준은 적어도 1,000명이다. 분명히 힘들고 비용도 더 들어가겠지만 데이터의 신뢰도는 생긴다. 조사 대상자를 늘리고 싶다면 인센티브를 제공하거나 전문회사에 의뢰하는 방법이 있다.

모든 디지털 프로젝트는 의미 있는 사용자 조사를 기초로 한다. 뉴스 웹 사이트를 개설하거나 새로운 미디어 브랜드 또는 앱을 개발한다면 사용자들이 무엇을 원하는지, 어떻게 사용하고 싶어 하는지에 대해 단지 추측만 해서는 안 된다.

너무 많은 데이터

스프레드시트에 파묻히기 쉽다. 지나치게 복잡한 분석 도구를 사용하는 실수와 비슷하다. 그저 많은 양의 데이터를 수집하는 것만으로는 누구에게도 도움을 주지 못한다. 만약 데이터를 수집하려 한다면 어떻게 분석할 것인지 계획을 세웠는지, 자료를 평가하기 위해 도움을 청할 전문가를 구해야 되는지를 고려한다.

평가 기술 익히기

디지털 콘텐츠는 과학과 예술의 드문 조합이다. 강력한 이야기를 전하는 아름다운 콘텐츠를 만드는 동시에 엄격한 평가의 대상이 된다. 만약 분석에 재능이 있고 흥미를 느낀다면 평가 기술을 숙련하여 전문가가 되는 것도 고려할 수 있다. 탄탄한 평가 기술을 갖춘 사람들은 시장에서 귀한 대접을 받는다. 그리고 자기 스스로도 많은 기술들을 배울 수 있다.

디지털 콘텐츠의 어떤 측면에 흥미를 느끼는지와 상관없이 평가 기술에 익숙해지는 것이 좋다. 하지만 그 자체로서 훌륭한 커리어가 될 수 있다는 것 또한 가벼이 여기지 마라. 어떤 기술이 필요할까?

- **조직적이고 전략적으로:** 콘텐츠 평가에 대해 계획을 세워 수행할 필요가 있다.
- **귀 기울여 관찰하기:** 사람들이 무슨 행동을 하고 무슨 말을 하는지는 완전히 다른 개념이다. 그 차이를 어떻게 분석하는지 아는 것이 중요하다.
- **객관적으로 분석하기:** 최종적으로 많은 양의 데이터를 처리해야 하는데 분석할 줄 알아야 하고 거기서 가치 있는 통찰을 이끌어 내야 한다.
- **소통과 협업:** 어떤 기술보다 중요한 부분이다. 여러 팀과 서로 다른

기술을 가진 사람들과 작업하기 때문이다. 데이터를 명확하게 설명할 수 있는가? 다른 필요를 위해 데이터를 재처리할 수 있는가?

- **공감:** 사람들을 이해하는 데 큰 도움이 된다.

디지털 마케팅 분석가

광고 회사, 디지털 에이전시 및 사내 마케팅 팀은 대개 대규모 디지털 분석 팀을 두고 있다. 광고 캠페인과 비용 효과를 측정하고 구독자 조사를 실시한다. 다른 커다란 분석 패키지와 마찬가지로 구글 분석^{Google Analytics}을 전문적으로 사용하기 위해서는 시간을 투자해야 한다. 고용주들은 광고가 잘 되고 있는지, 고객(또는 잠재 고객)들이 어떻게 마케팅 자료를 발견하고 상호작용하는지, 그리고 더 많은 사람에게 어필하도록 마케팅 콘텐츠를 변경할 수 있는지를 보고 싶어 한다.

콘텐츠 기술의 최우선 순위에 SEO^{Search engine optimization}(검색엔진최적화란 웹 사이트를 검색 결과 상위에 노출시키는 것을 의미한다-옮긴이)와 HTML 지식을 포함한 일련의 기술들이 필요하다. 또한 동료와 고객들을 회계 감사하는 데도 많은 시간을 쓴다. 이런 감사를 수행할 수 있는 능력이 필요할 뿐만 아니라 감사 결과를 명확히 전달할 줄 알아야 한다.

사용자 분석가

사용자 조사는 복잡한 기술이고 수요가 높다. 사용자 테스트, 큰 규모의 설문조사나 인터뷰, 디자이너와 사용자 인터페이스를 적절하게 작용할 수 있도록 협업하는 일, 그리고 전체적인 편의성 테스트 등을 수행하는 법을 배울 필요가 있다.

최고의 사용자 조사는 초기의 사실 조사 실행에 그치지 않는다. 디지털 제품과 서비스를 미세하게 조정하는 과정이 끊임없이 이어진다.

대규모 조직에서 사용자 분석가를 채용하고 싶어 한다. 커리어 선택의 폭이 넓다. 일반적으로 디지털 개발 업체, 디지털 서비스를 제공하는 정부 기관 및 디지털 기능을 많이 활용하는 대기업에서 수요가 있다.

데이터 과학자

데이터 과학자가 되는 것은 학문적인 도전이고 컴퓨터 과학과 같은 분야에서 분명한 자질이 있어야 한다. 이러한 전문가는 방대한 양의 매우 복잡한 정보를 찾아내고, 분류 및 분석할 수 있다. 단지 학문적 능력뿐만 아니라 사업적인 지혜로서도 이는 필요하다. 자신의 업무가 조직의 전반적인 목표에 어떻게 부합하는지를 아는 것이 성공에 도움이 된다. 코딩 능력과 데이터베이스에 대한 전문 지식이 필요하다. 도전이 필요한 분야지만 매우 보람이 크다. 데이터 과학자로서의 역할을 얻는다면 첨단 기술 회사에서 AI 연구에 참여할 수도 있다.

평가를 활용해
동기부여 하기

디지털 분석의 투명성은 많은 사람을 불편하게 한다. 모든 디지털 콘텐츠를 다양한 방법으로 분석하게 되면서 마치 자신이 저지른 실수가 누구에게나 공개되는 것처럼 느껴진다. 물론 평가를 통해서만이 자신이 제작하는 콘텐츠의 기초를 튼튼하게 세울 수 있다. 그렇다고 이걸로 사람을 잡으라는 말은 아니다.

평가는 자신의 팀에게 동기부여를 할 수 있는 실제 탁월한 방법이자 우정 어린 경쟁을 장려하는 토대가 된다. 다음은 그 방법에 대한 몇 가지 제안들이다.

팀과 분석 결과 공유하기

분석을 통해 무엇이 효과가 있었고 없었는지를 사람들과 공유한다. 어떤 교훈이 발견되었는지 파악하고, 뜻밖의 사건이 있었는지 여부를 조사한다. 함께 작업하는 사람들과 정기적으로 미팅을 함으로써 이러한 분석 결과를 바탕으로 토론을 진행한다. 매주 일정한 수의 작품에 상을 주는 것도 좋은 방법 중 하나다. 사람들에게 도전할 수 있는 목표를 만들어 줄 수 있다. 그저 가장 인기 있는 콘텐츠를 강조하는 것이 아니라 창의력, 위험을 무릅쓰거나 빠르게 움직이는 상황에서 신속하게 생각해 내는 사람에게 보상을 준다.

월간 부서 업데이트

디지털 평가는 가능한 광범위하게 공유한다. 가능하다면 더 많은 부서나 조직과 짧은 하이라이트 회의를 개최하는 것도 좋다. 이는 자신의 팀과 훌륭하게 제작한 콘텐츠를 서로 연결시켜 주고, 자신의 일에서 가능한 한 많은 사람이 배울 수 있게 해준다. 자신의 구독자들과 그들에게 성공적으로 어필하는 방법에 대해 더 많은 사람이 이해할 수 있다.

이때 실수를 포함해 가능한 한 모든 안건을 자유롭게 이야기할 수 있는 분위기를 만든다. 자신이 배운 교훈과 얻은 통찰력은 특히 이러한 미팅에서 중요한 토론 주제가 된다.

시각적 스크린

가능하다면 사무실 곳곳에 분석 결과, 현재 배포하고 있는 콘텐츠, 구독자들에 대해 논의하고 있는 안건 등을 보여 주는 스크린을 사무실 여기저기에 설치하는 것은 가치 있는 투자다. 뉴스룸에서는 현재 가장 인기 있고 논의되고 있는 것들을 절대적으로 공유한다. PR이나 커뮤니케이션 부서와 마찬가지로 말구름이나 다른 형태의 실제 데이터를 게시하면 사람들에게 즉각적인 통찰력을 줄 수 있으며, 필요할 때 이런 도구들을 사용할 수 있다는 점을 환기시키는 효과가 있다.

반드시 멋진 분석도구가 필요한 것은 아니다. 단순하게 직접 그래프를 그려서 업데이트해도 된다. 주간 단위 정도면 적당하다.

정규 이메일 게시판

크고 복잡한 조직에서는 확실히 자신의 모든 성공 스토리와 통찰을 얼굴을 맞대고 공유하기 어렵다. 정규 이메일 게시판을 통해 가장 성공적인 콘텐츠에 대해 관련 사람들과 공유하는 것이 좋다. 또는 정말 디지털 환경이 잘 구축되어 있다면 내부 소셜 미디어나 채팅 앱을 통해 업데이트해라.

보상

언제나처럼 보상은 사람들에게 동기를 부여하는 뛰어난 방법이다. 매번 수상자를 선정해 트로피나 커피 교환권을 주는 것도 좋다.

여기까지 이 책의 연습은 실제 콘텐츠를 제작하는 데 집중했다. 부지런히 따라 왔다면(나는 독자들이 그랬을 거라 믿는다) 지금쯤 여러 개의 콘텐츠를 가지고 있고 온라인에 공개도 했을 것이다.

앞선 훈련 결과물들이 이번 연습의 완벽한 기초가 된다. 어떤 목표를 설정할 수 있었는지, 그리고 어떻게 콘텐츠를 활용할 수 있었는지에 대해 생각해 보자. 아직 콘텐츠를 공개하지 않았다면 지금이 좋은 시점이다. 이를 모두가 볼 수 있게 게시하는 것이 아직은 신경이 쓰이더라도 이번 연습을 따라 할 수는 있다. 실제 데이터는 얻지 못하지만.

1단계

SMART 목표 설정법에 따라 자신이 세울 수 있는 목표는 어떤 것인가? 무엇을 성취하고 싶은지 신중히 생각해 보자. 웹 사이트의 트래픽, 인지도 등. 그리고 적절한 목표를 선택하자. 각 부분을 잘 고려해서 빈칸을 채운다.

SMART 평가표

구체성	
측정 가능성	
성취 가능성	
관련성	
시의성	

디지털 콘텐츠는
처음입니다만

2단계

이제 SMART 목표에 따른 평가를 어떤 분석법을 통해 행할지 결정한다. 웹사이트 트래픽의 경우에는 클릭률을, 구독자의 참여도를 위해서는 참여 수를 측정한다. 가능하다면 감정 분석까지 살펴보는 것이 좋다.

1. 어떤 목표를 초과했는가?
2. 어떤 목표를 달성하지 못했는가?
3. 여기서 배운 가장 중요한 교훈은 무엇인가?

실제로 콘텐츠를 공개하고 나면 반드시 표준적인 이 과정을 거친다. 이는 실용적인 커뮤니케이션 기술을 배울 수 있는 훌륭한 방법이다.

소셜 미디어에서의 성공 열쇠

_ 소셜 미디어는 오늘날 세계에서 가장 중요한 커뮤니케이션 수단 중 하나다.

_ 변화하는 속도가 빠르다.

_ 소셜 미디어에서 성공하는 핵심 열쇠는 창의성과 유연성이다.

새롭게 생겨나고 빠르게 변하는 소셜 네트워크

　서두에서 설명했듯이 디지털 플랫폼은 지금 대부분의 사람들이 서로 간에 의사소통하는 주된 방법이다. 또한 공적 기관과 조직들과 대화하는 방법이기도 하다. 편지를 쓰고, 전화 문의를 하거나 TV 광고를 시청하는 행위 등이 소셜 미디어 피드와 앱으로 대체되고 있다.

　친구들이 하자가 많은 제품이나 불량한 고객 서비스에 대한 불만을 가지고 있을 때 나는 대개 전화를 하거나 이메일을 보내지 말고 트윗을 하라고 말한다. 그렇게 하면 회사들이 보다 신속하게 도움이 되는 답변을 해 온다. 그들도 온라인이 보다 더 대중적이라는 것을 알기 때문이다. 고객을 빠르고 투명하게 돕는 것은 자신들의 이익을 위하는 일이다. 전화를 걸면 얼마나 오래 기다려야 할지 아무도 모른다. 최근에 한 동료가 시리얼 박스에서 커다랗고 날카로운 금속 조각을 발견한 적이 있다. 놀란 그녀는 회사의 고객 서비스 부서에 전화를 걸었지만 연결이 되지 않았다. 금속 조각을 찍은 사진을 트윗으로 보내자 30초 만에 응답이 왔다.

　사람들은 친구들이나 가족에게서가 아니라 소셜 미디어 뉴스피드에서 중요한 뉴스와 정보를 얻는다. 2016년 발표된 로이터 디지털 뉴스는 45세까지의 사람들이 디지털을 통해 대부분의 뉴스를 본다고 보도했다.

　디지털 플랫폼은 두 가지 중요한 기능을 한다. 사람들의 의사소통을 도와주고 다양한 정보를 제공한다. 사람들이 정보를 어떻게 공유하고 반응하는지를 이해하는 것이 디지털 콘텐츠 성공의 필수 요소다.

　소셜 네트워크는 새롭게 생겨나고 또 빠르게 변한다. 이 글을 읽는 시점에는 특정 네트워크를 사용하라는 조언이 이미 시대에 뒤떨어진 이야기가 될 수도 있다. 여기서는 소셜 미디어에서 성공하기 위해서 배워야 할 필요가 있는 기초 지식들에 집중하겠다. 이런 교훈들은 어떤 네트워크를 사용하는지와 상관없이 동일하게 적용된다.

소셜 미디어란 실제로 무엇인가? 정의를 내리기가 무척 어렵다. 만약 페이스북, 아니면 더 오래된 마이스페이스와 같은 소셜 네트워크로부터 시작한다면 이는 간단해질 수 있다. 개인이나 조직으로 모두 프로필을 가지고 있고 다른 사람들과 연결한다. 그리고 사진이나 영상 같은 콘텐츠(사용자 생산 콘텐츠)를 게시한다. 하지만 더욱 사적인 소셜 네트워크인 스냅챗의 경우는 어떠한가? 자신의 프로필은 무슨 내용이든 원하는 대로 설정할 수 있다. 그리고 메시지 앱의 경우는 어떠한가? 이를 통해서도 사람들이 콘텐츠와 이야기를 공유하고 네트워크를 통해 빠르게 업데이트를 하고 있다는 사실을 깨닫기 전까지는 처음에 이를 소셜 미디어로 생각하지 않았다. 아직도 소셜 미디어의 정의는 약간 혼란스럽지만 걱정할 필요는 없다. 소셜 미디어처럼 느껴진다면 그것이 바로 소셜 미디어다.

소셜 미디어의 인기는 스마트폰이 대중화되기 이전에 시작됐다. 하지만 모두가 콘텐츠를 손쉽게 캡처하고 공유할 수 있는 이 모바일 통신기기를 보유하기 시작하면서 엄청난 속도로 가속됐다. 많은 소셜 네트워크는 모바일을 중심으로 세심하게 디자인됐다. 인스타그램과 스냅챗은 유명한 사례다. 라디오와 전보가 출현하면서 사람들의 소통 방법이 달라졌듯이 스마트폰의 출현도 동일 현상을 발생시켰다.

전통 미디어는 사람들이 뉴스를 듣고 오락을 하는 데 통제력을 가지고 있었다. 정해진 시간에 프로그램을 방송하고 정해진 수의 채널과 방송을 가지고 있었다. 그리고 플랫폼을 통해 누가 광고를 할지도 스스로 정했다. 소셜 미디어는 이를 완전히 바꾸어 놓았다. 사람들은 이제 무한 대의 콘텐츠에 접근할 수 있다. 이는 자신이 흥미를 느끼는 분야가 얼마나 소외되어 있는지와 상관없이 같은 기호를 가진 사람들과 연결될 수 있고 관련 콘텐츠만 소비할 수 있다는 말이다. 시간이나 장소에 구애받지 않고 자신에게 편리한 방법으로 즐길 수 있다. 약간의 기술만 익히면 콘텐츠를 제작하고 배포하는 데 드는 비용은 거의 제로로 떨어진다. 과거에는 세계를 향해 방송하기를 원한다면 복잡한 기술을 사용하는 TV 스튜디오나 라디오 방송국 같은 값비싼 장비가 필요했다. 이제는 누구나 자신들의 스마트폰을 통해 세계를 향해 방송할 수 있게 되었다. 이렇듯 디지털 세계에서 커리어를 시작하고 싶다면 고려해야 할 요소가 두 가지 있다.

- **더 많은 자유:** 예전에는 미디어에서 뭔가 창의적인 일을 하거나 직장을 구하기를 원하면 이미 설립된 회사를 찾아다녀야 했다. 이제는 자신만의 콘텐츠를 만들고 이를 세계와 공유하는 일을 그 누구도 막을 수 없다. 영상 블로거들의 인기를 떠올려보라. 콘텐츠를 만들고 싶다면 소셜 미디어를 이용해서 세계와 공유해라. 전적으로 무료다. 하지만…

- **더 치열한 곳이다:** 전에 없던 많은 사람이 자신들이 보기를 원하는 것들만 극도로 가려서 보는 구독자들을 대상으로 콘텐츠를 만들고 있다. 이런 사실에 기죽지는 마라. 창의적인 프로듀서에게는 희소식이다. 많은 소음이 존재하는 시대에는 틈새의 주제나 구독자들에게 집중하는 것이 돈벌이가 된다. 큰 숫자를 좇으려 걱정할 필요가 없다. 자신이 애착하는 주제에 열정을 가진, 높은 참여율을 보여 주는 구독자를 구축하

는 데 집중해라. 예를 들어 음식에 관심이 있다면 '음식'에 관한 소셜 미디어 브랜드를 만드는 대신 더 구체적인 주제, 즉 '건강한 먹거리', '가성비 레시피' 또는 '치즈(개인적 기호)' 등에 집중한다.

재능 있는 소셜 미디어 전문가에 대한 시장의 수요가 높다. 경쟁이 치열한 분야인 만큼 자신만의 콘텐츠로 돋보일 필요가 있다. 디지털 구독자를 키우고 관리할 수 있다는 점을 보여 준다. 자신만의 소셜 미디어 브랜드를 만들어 조심스럽게 키우면 포트폴리오가 된다.

고정관념
깨트리기

소셜 미디어에 대해 흔히들 갖고 있는 오해가 몇 가지 있다. 새로운 스타일의 의사소통인 만큼 아직도 그 정체를 파악 중이기 때문이다. 그렇다 하더라도 오해로 인해 자신의 팀을 완전히 잘못된 방향으로 몰고 갈 수도 있다.

소셜 미디어는 젊은 사람들만을 위한 것?

젊은 사람들이 주로 소셜 미디어를 이용해 의사소통을 하는 것은 맞지만 그 외 사람들은 전혀 그렇지 않다는 의미는 아니다. 내가 60대의 어머니에게 핀터레스트(미국 소셜 네트워크-옮긴이)를 소개했을 때 그녀는 좀체 질리지 않고 집중했다. 많은 조직이 다른 연령층의 구독자들은 잊고 소셜 미디어를 젊은 사람들과만 소통하는 방법으로 여긴다. 나이 든 사람들은 신문이나 라디오에 집착한다고 짐작한다. 45세까지의 사람들은 대부분 온라인에서 정보를 얻는다. 하지만 그보다 나이가 더 든 사람들도 디지털 뉴스를 많이 소비한다. 분명히 말

디지털 콘텐츠는
처음입니다만

하면 자연의 이치에 따라 사람들이 나이를 먹어 가면서 이는 또 바뀔 것이다. 사실상 이는 만약 자신의 콘텐츠를 접할 많은 구독자들이 있다면 각기 다른 나이대의 그룹에 따라 맞춤으로 상대해야 된다는 것을 의미한다. 그리고 젊은 구독자만을 독점적으로 상대하면서 소셜 미디어를 묵혀서는 안 된다.

이런 오해는 또 다른 치명적인 영향을 끼친다. 자신이 젊다고 생각하지 않는 사람들로 하여금 소외감을 느끼게 하고 소셜 미디어를 접하는 데 불안한 마음이 들게 만든다. 소셜 미디어를 젊은 사람들만을 위한 독점적 도구로 취급하면 인구통계상 다른 나이대의 사람들은 과거가 되어 버린 듯 소외감을 느끼거나 소셜 미디어를 효과적으로 사용하는 법을 배울 수 없다고 생각할 것이다. 완전히 터무니없는 생각이다.

소셜 미디어는 바보 같은 짓이다?

흔히들 "소셜 미디어는 사람들의 점심 식탁과 고양이 사진들을 보여 주는 수단에 불과해"라고 말한다. 종종 경박하거나 손쉬운 대상으로 취급한다. 이것은 명백히 소셜 미디어가 역사의 흐름을 바꾸고 있는 현 상황을 간과하는 커다란 실수다. 아랍의 봄과 미국의 대선 그리고 종종 기자들이 트위터에서 특종을 발견한다는 점을 생각해 보라. 이는 단순하게 생각하면 새로운 의사소통 방법의 한 종류다. 뉴스 웹 사이트는 심층 경제 기사에서부터 달에 사는 가상의 외계인까지 범위가 넓다. TV 또한 강력한 다큐멘터리와 스토리텔링에서부터 커스

터드 소스에 푹 젖어 사는 사람들을 기반으로 한 쇼에 이르기까지 다양한 내용을 보여 준다. 소셜 미디어도 같다.

이러한 잘못된 믿음은 종종 콘텐츠 전략에서도 드러난다. 신문 기자들과 협력하여 CEO와 장시간 인터뷰를 하고 나서 소셜 미디어에는 CEO의 기타 독주 동영상만을 올린다. 물론 디지털 콘텐츠에서 유머와 단순성은 중요한 요소이지만 이를 소셜 미디어와 태생적으로 동일시하지는 마라.

소셜 미디어는 복잡하다?

소셜 미디어를 이해하는 일에 대해 매우 불안해하고 결국 이해하지 못할 것이라고 생각하는 사람들이 많다. 하지만 소셜 네트워크를 사용하는 방법을 배우는 것은 어렵지 않다. 소셜 네트워크는 최대한 사용자 친화적으로 설계되어 있기 때문이다. 두려워하지 마라. 어려운 부분은 콘텐츠를 만드는 방법, 브랜드나 팀을 관리하는 일, 그리고 의사소통의 위기 상황에 대처하는 일 등이다. 소셜 미디어 '전문가'들은 자기들의 일자리를 지키기 위해 복잡한 용어와 전략으로 가능한 한 새로운 구직자가 업계에 접근하는 것을 어렵게 만든다. 소셜 미디어는 새로운 하나의 의사소통 방식일 뿐이다. 뿐만 아니라 분석을 통해 무엇이 효과가 있고 없는지 정확히 알 수 있다. 소셜 미디어에 관해서 그 누구에게도 겁먹지 마라.

소셜 미디어 속 사람들은 주의력이 금붕어 수준이다?

소셜 미디어가 사람들이 집중할 수 있는 시간 범위를 백만분의 1초 단위로 만들어 놓았다고 말들을 한다. 하지만 이것이 사실이라면 왜 사람들은 스트리밍 영상 서비스에 몇 시간씩 빠져드는가? 어떻게 길게 쓰인 스토리텔링과 기사가 다시 인기를 얻고 있는가? 진실은 그렇게 단순하지 않다. 기본적으로 무한대의 콘텐츠에 접근할 수 있을 때 극도로 민감하게 선택적인 자세가 될 수 있다. 즉각적인 흥미를 느끼지 못하면 바로 다른 것을 찾는다. 소셜 미디어에는 시간이 날 때마다 하루 중 여러 번 접속한다. 지하철을 기다리는 동안, 업무 중 쉬는 시간이나 줄을 설 때도 접속한다. 그래서 그 시간을 채울 수 있는 짧은 콘텐츠를 원한다. 사람들이 길이가 긴 스트리밍 서비스에 시간을 보내는 이유는 대개 정말 고품질의 콘텐츠를 찾아서 시간을 쓰기로 결정했기 때문이다. 이는 소셜 미디어에 업로드하는 자신의 콘텐츠가 간결하고 재미가 있어야 한다는 것을 의미한다. 건조한 주제라면 최대한 빠르고 명확하게 필요한 메시지를 건넨다. 만약 재미도, 쓸모도 없다면 이를 게시할 이유가 어디에 있겠는가.

모든 사람이 소셜 미디어를 해야 한다?

소셜 미디어에서 성공하려면 상당한 시간과 노력이 필요하다. 너무 많은 소셜 미디어 채널을 만들려고 애쓰지 마라. 적은 수의 채널에 집중하는 소셜 미디어 전략이 훨씬 효과적이다.

내가 일한 모든 조직에서 같은 문제를 겪었다. 갑자기 모든 팀과 부서들이 각자만의 소셜 미디어 채널을 원했다. 그들은 대표 브랜드 채널을 통해 표현되지 못하는 각자만의 메시지가 따로 있다고 느끼거나 각자의 제품이 독자적인 채널을 가질 자격이 있다고 생각한다. 완전히 다른 메시지를 가진 여러 소셜 미디어 채널이 생기면 일단 관리가 몹시 힘들어진다. 실수가 발생하고 잠재 고객들이 각기 다른 계정으로 흩어진다. 한두 개의 메인 채널 또는 수많은 다른 채널 사이에서 균형을 맞추는 일은 쉽지 않다. 만약 자신이 책임을 맡고 있는 담당자라면 많은 사람들에게 각자의 페이지를 제공해야 한다는 압박을 받을 수 있는데 저항해라.

디지털 콘텐츠는
처음입니다만

적절한 네트워크를 고르는 방법

어디서부터 소셜 미디어를 시작해야 하는가? 세상에는 수많은 소셜 네트워크가 있다고 느껴지고 아마도 모든 네트워크에 게시할 시간이 부족할 수도 있다. 만약 할 수 있다고 하더라도 동시에 모든 곳에 콘텐츠를 올리는 것은 실수가 발생할 여지가 있다.

시작하기 전에 소셜 미디어 전략을 세우는 것이 중요하다. 어떤 소셜 네트워크를 선택할지 뿐만 아니라 각각의 네트워크에 맞춰 어떻게 콘텐츠를 재단할지에 대해서도 도움을 받을 수 있다. 다음은 반드시 고려해야 할 사항들이다.

무엇을 이루고자 하는가?

흔히 사람들은 소셜 미디어를 방송 수단으로만 여기며 자신이 왜 소셜 미디어를 하는지에 대해 깊이 생각하지 않는다. 무엇을 얻고자 하는지를 생각하면 바로 어떤 네트워크가 자신에게 적합한지에 대한 올바른 방향을 찾을 수 있다. 목표가 하나 이상일 수도 있다. 예를 들어 스무디를 파는 새 사업을 시작한다고 하자. 소셜 미디어로부터 원하는 세 가지 목표가 있다. 즉, 제품에 대한 인지도를 올리는 것, 고객이 원하는 취향을 알아내는 것, 광고 캠페인을 하는 것. 이 세 가지 목표에 비춰 보면 메시지 앱은 효과가 없다는 것을 바로 알 수 있다. 광고를 허용하지 않기 때문이다. 사람들이 댓글을 달고 피드백을 받을 수 있는 브랜드 페이지로 상호교류 할 수 있는 네트워크가 필요하다. 인지도를 올리기 위해서는 사람들이 자신의 콘텐츠를 공유할 수 있는 네트워크가 필요하다. 이를 통해 새로운 잠재 고객을 유인할 수 있다.

만나고 싶은 구독자는 누구인가?

각 네트워크의 전체적인 사용자 구성에 관한 많은 연구와 정보가 시중에 나와 있다. 자신의 메시지와 시장에 가장 잘 어울리는 소셜 네트워크를 찾아 연결하면 올바른 방향으로 가는 것이다. 다시 말하지만 자신의 필요에 맞는 네트워크에 집중하고 시간을 아껴 쓴다면 많은 도움이 된다.

시간과 자원이 얼마나 있나?

간과하기 쉬운 질문이다. 자신의 소셜 미디어 전략에 얼마의 시간과 노력을 헌신할 수 있는지 현실적으로 생각해라. 한두 개 정도에 집중해서 잘 관리하는 것이 좋다. 소셜 미디어에 콘텐츠를 쉽게 게시해

디지털 콘텐츠는
처음입니다만

주는 앱과 서비스가 출시되어 있지만 이들을 통해서만 올린다면 문제다. 이것은 보조 도구로만 이용한다.

각각을 위해 무슨 콘텐츠를 제작할 수 있는가?

어떤 네트워크들에 자리를 잡고 콘텐츠를 올릴지 결정했다면 각각을 위해 만들 수 있는 콘텐츠가 무엇이 있을까 생각해 본다. 대개 각기 요구 조건이 다르다. 하나의 영상도 각각 다른 길이, 모양, 포맷으로 만들어야 한다.

성공의 기준은 무엇인가?

어떤 평가 수단을 주의 깊게 살펴볼지를 명확하게 정해 놓으면 팀전체가 무엇이 중요한지 알게 된다. 이를 통해 집중해서 일할 수 있고 궁극적으로 자신의 전략이 효과가 있는지 없는지 알게 한다. 수많은 시도와 실수를 반복하며 배운다. 만약 기대했던 결과가 나오지 않더라도 낙담하지 마라. 다른 접근 방법을 시도하면 된다.

소셜 미디어 계정을 닫는 일도 두려워하지 마라. 여러 가지 많은 다른 접근 방법을 시도했지만 효과가 없다면 자기 조직과 맞지 않는 네트워크나 채널을 선택했기 때문일 수 있다. 계정을 닫는 일에 감정을 연관시킬 이유가 없다. 하지만 최소한 정확하고 사려 깊은 원인 분석이 필요하다.

영국 허핑턴포스트 편집장
폴리 커티스

폴리는 전임 영국 적십자의 미디어 담당 국장 및 《가디언》지의 디지털 편집자였다. 그녀는 디지털 미디어가 출현하는 시기를 관통해서 일해 온 경험이 많은 기자다.

내가 처음 기자가 되기로 결심했을 때 가장 필요한 기술은 기삿거리를 잘 찾을 수 있는 사냥개 같은 코였다. 또 사람들을 인터뷰하고 글을 쓰고 조사하는 법을 알아야 했다. 저널리스트가 되기 위한 기본이었다. 이는 아직도 변하지 않은 진실이지만 소셜 미디어는 판도를 바꾸었다. 나는 《가디언》지 웹 사이트에서 일을 시작했다. 초창기 《가디언》의 디지털 팀에서 기자로 근무했다. 온라인 기사 작업을 하는 새로운 일자리였다. 그 당시에는 입문 단계의 일이었다(실제로는 연습 기간이었던 셈이다). 그 당시 나의 목표는 지면에 기사를 쓰는 기자로서 뉴스룸에서 근무하는 것이었다. 그곳이 최고의 저널리즘이 실행되던 곳이었기 때문이다. 이제는 상상하기 어려운 일이다. 이제는 디지털이 가장 치열한 저널리즘의 현장이 되었다.

《가디언》지 시절에 우리는 영국에 근거를 둔 신문사에서 세계에 다수의 사무실을 가진 디지털 조직으로 변모해 가는 물결 속에 있었다. 나는 정치 기자와 교육 편집자로서 뼛속 깊이 전통적인 기자였다. 그럼에도 불구하고 그 당시 나를 사로잡고 있던 가장 흥미롭고도 어려운 질문은 어떻게 성공적으로 인터넷으로 옮겨 가느냐였다. 어떻게 하면 지면에서처럼 온라인에서도 강력한 스토리텔링을 할 수 있을까?

나는 《가디언》지 자체가 디지털에 집중된 뉴스룸으로 탈바꿈하면서 뉴스 에디터에서 디지털 에디터로 역할이 바뀌었다. 처음에는 내부 저항이 좀 있었지만 《가디언》의 기자들은 디지털의 잠재력을 재빠르게 알아차렸다. 우리는 생중계 뉴스가 시청자들에게 주는 충격 효과에서 동기부여를 받았다. 실시간으로 소비되는 이야기들에 대한 측정치를 어떻게 해석할 것인가, 트위터와 페이스북을 통해 어떻게 구독자들과 교감할 것인가. 분석 결과들은 저널리즘에 대한 새로운 전망을 내놓았고 구독자들이 적극적으로 참여하면서 기사를 읽는 독자들과 대화를 나눌 수 있었다. 디지털과 소셜 미디어는 저널리즘의 떼려야 뗄 수 없는 부분이 되었다.

적십자에서 나는 기자 경력이 있는 사람들을 소셜 미디어 팀으로 뽑았다. 소셜 미디어와 저널리스트로서의 능력은 관계가 깊어졌다. 우리는 단순하게 "우리는 적십자이고 우리는 X, Y, Z를 하고 있어요"라고 말하는 것을 원하지 않는다. 우리는 사람들에게 환상적인 이야기를 들려주어 통찰을 주고 싶다.

이제 《허핑턴포스트》에서 나는 진정으로 태생부터 디지털인 뉴스룸을 이끌고 있다. 이는 나를 흥분시킨다. 우리가 관심 있는 이야기를 최고로 새롭게 전달하는 방법을 찾고 있기 때문이다. 그리고 항상 그 중심에는 우리 구독자를 최우선으로 고려하고 있다. 디지털이 진정으로 내게 의미하는 바는 독자들과 정말 가까운 관계를 가지고 있다는 사실이다. 무슨 이야기가 그들을 감동시키고 그들이 어떻게 응답하는지 볼 수 있다. 지면에서는 발견할 수 없었던 근본적인 발전이다.

현재 우리의 최우선 과제는 구독자들에게 귀를 기울이는 것이고 우리가 파악할 수 있는 그들의 관심사에 대한 본연의 이야기를 더 많이 전달하는 것이고 그들의 삶에 도움을 주는 것이다. 기존 전통적인 미디어에 의해 위협을 받았던 신뢰를 되돌리는 일이고 진정성을 찾는 일이다.

저널리스트의 역할은 전에 없이 중요해졌다. 《허핑턴포스트》, 《가디언》, BBC, 《뉴욕타임스》의 기자들처럼 가짜 뉴스에 대항하는 일이다. 사람들이 신뢰할 수 있는 기사를 쓰는 것이 무척 중요하다. 이는 또 올바른 기사를 쓰는 일이 그만큼 더 어려워졌다는 것을 의미하기도 한다.

기자로서 커리어를 새롭게 시작하기 위해서는 기삿거리의 냄새를 맡는 능력이 여전히 중요한 자질 가운데 하나다. 디지털 기술은 그런 이야기들을 전달하는 능력을 준다. 하지만 이를 구별해 내는 것은 여전히 자신의 직감이다. 소셜 미디어를 통해 구독자들의 대화에 참여하고 교감하는 것이 중요하다. 이런 일을 통해 더 나은 이야기 전달자가 될 수 있다. 하지만 역시 사무실에서 나와 세상을 보고 기사를 써라.

바이럴 효과를
얻는 법

디지털 업무 개선을 위해 회사와 만나 일할 때마다 늘 똑 같은 요청을 받는다. 젊은 층에 호소하고 싶고 바이럴한 효과를 얻고 싶다는 것이다.

하지만 바이럴이 실제 무엇을 의미하고, 과연 자신의 조직에 좋은 일일까? 그리고 그런 일을 달성할 수 있는 비밀 처방전을 내가 가지고 있을까? 내 대답은 '없다'이다. 그리고 그런 일을 할 수 있다고 말하는 그 누구도 믿지 마라. 바이럴한 효과가 있다는 말은 대체로 소셜 미디어의 콘텐츠가 급속도로 많은 사람에게 공유되는 현상을 말한다. 긍정적인 형태는 감동적인 영상, 웃기는 사진이나 이야기 또는 누군가의 큰 성공에 대한 것이다. 부정적인 형태는 당황스럽고 충격적인 소식, 무언가를 실수로 올린 회사 또는 큰 사고에 관한 나쁜 뉴스 등이다. 바이럴한 효과는 사람들이 순식간에 친구들과 콘텐츠를 공유하기 때문에 가능하다. 기하급수적으로 불어나는 사람들에게 순식간에 게시물이 공유된다.

5장에서 언급했던 달러쉐이브클럽이 소셜 미디어의 바이럴한 효과를 제대로 사용한 좋은 사례다. 그들의 영상은 바이럴하게 퍼졌고 거대한 숫자의 사람들이 이를 봤고 매출은 하늘을 뚫을 기세로 치솟았다.

유머와 충격적인 소재가 대개 바이럴한 콘텐츠의 주를 이룬다. 사람들은 웃고 놀라는 것을 즐긴다. 그래서 흔히 웃기거나 쇼킹한 짧은 영상이 성과가 좋다. 그러나 바이럴한 효과를 노리고 이러한 시도를 하는 회사들은 곤란한 상황에 빠질 수 있다. 첫째 이런 종류의 콘텐츠를 만들어 내는 것이 자신의 조직에 적절한 일인가? 이는 조직의 가치와 메시지를 전달하는 방법과 완전히 다를 수 있다. 둘째 만약 자신이 바이럴한 효과를 가져와야 하는 업무를 맡고 있다면 사람들에게 인상적으로 써먹을 수 있는 커다란 숫자들을 분석 결과에서 가져올 수 있다. 하지만 그 숫자가 진정한 의미가 있는가? 누가 콘텐츠를 보는지 그리고 그들이 재밌게 봤는지, 까먹었는지 그 우연성들을 조정할 능력은 없다.

바이럴한 효과를 얻는 일에 집중할 때 가장 큰 문제는 간단히 말해서 정말, 정말 어렵다는 것이다. 이는 많은 사람들이 원하는 효과이고 그래서 치열한 경쟁이 벌어지고 있다. 물론 달러쉐이브클럽은 시도를 했고 그만큼의 성과를 이뤘다. 그들의 구독자들은 성인 남성들이다. 하지만 만약 특정 구독자들에게 집중하기를 원한다면 콘텐츠가 널리 공유되기를 시도하기보다는 실제로 그들이 무엇을 즐기는지에 집중하는 것이 좋다.

전적으로 부정적인 것은 아니다. 무엇이든지 많은 수의 사람에게 인기가 있다면 이는 물론 성공적인 일이다. 단지 바이럴한 효과가 조직의 목적 달성에 도움을 주기만 할 것이라는 기대는 하지 마라.

궁극적으로 모든 결론은 소셜 미디어의 가장 중요한 요소 중 하나로 귀결된다. 감정적 고리다. 바이럴한 성공을 좇는 것이 거의 항상 조직에는 좋은 아이디어가 되지 못한다는 사실과 더불어 감정적 고리의 중요성을 깨닫는 것은 소셜 미디어에서의 성공을 위해 결정적으로 중요하다.

공유의 비결,
감정적 고리

사람들은 왜 소셜 미디어에서 공유를 하는가? 왜 어떤 콘텐츠에는 '좋아요'를 누르거나 댓글을 달고 어떤 것에는 그렇지 않은가?

그 답은 감정적 고리에 있다. 감정적 반응을 불러일으키는 콘텐츠는 사람들을 상호작용하게 만든다. 어떤 콘텐츠가 촉발할 수 있는 사람의 감정은 범위가 넓다. 사람들을 웃기고, 행복하게 만들고, 자랑스럽거나 화나게 만들 수도 있고 슬프게도 한다. 화가 나는 한 편의 뉴스, 웃기는 영상, 감동적인 이야기들을 공유하고 싶어 한다. 이런 고리를 제공하지 않는 콘텐츠는 대개 점점 묻힌다.

감정적 고리를 제공해야 한다는 이런 필요 때문에 뉴스룸이나 정부와 같은 여러 조직이 골머리를 앓는다. 자신의 콘텐츠가 무척 중요하고 신뢰할 수 있어야 한다고 생각한다면 사람들의 감정을 파렴치하게 조작하는 것은 자신의 가치를 배신하는 일이 된다. 또한 때때로 중요한 정보(어떻게 세금 환급을 잘 받을 수 있는가)를 감정적인 고리가 있는 내용으로 만드는 것은 매우 어렵다.

오직 감정적인 스토리텔링만을 추구하는 것은 유혹적으로 들릴 수도 있지만 구독자들은 빠르게 피곤해진다. 건조한 내용이지만 중요한 내용을 주로 다룬다면 성공할 수 있는 길은 최대한 간결하고 도움이 되게 만드는 것이다. 도움을 주는 콘텐츠는 감정적인 내용을 담은 게시물들 못지않은 효과를 보이는 경우가 많다. 기자들에게 있어서 진실한 보도를 하는 것은 매우 중요하다. 값싼 감정적인 반응을 좇는 것보다는 힘 있는 이야기를 하는 것이 더 잘될 확률이 높다.

만약 자신이 계획하고 있는 콘텐츠가 구독자들에게 감정적 반향을 일으키지 않고 그들에게 유용하지 않다면, 스스로에게 매우 어려운 질문을 해야 할 것이다. 공개할 가치가 있는가?

사람들은 자신에 대해 무언가를 말하기 위해 관련된 콘텐츠를 공유한다. 가끔은 '나는 이 주제에 대해 관심이 있다'처럼 친절하게 말할 수도 있고, 또는 그들이 감당하기에는 가격이 너무 높아 보이는 호화로운 식당에서의 식사 사진을 뽐내는 것처럼 조금 더 뻔뻔할 수도 있다. '왜 우리 구독자들이 이것을 친구들과 공유할까?' 하고 자문해 보는 것이 '우리가 어떻게 바이럴한 효과를 얻을 수 있지?'보다는 훨씬 더 좋은 질문이다.

진지하게
고려할 문제

　사람들은 곧 소셜 미디어가 친구와 가족들을 연결시켜 주는 기능에 그치지 않고 중요한 사건에서 믿을 수 없을 정도로 엄청난 역할을 한다는 사실을 깨달았다. 뉴스가 터져 나오고 정치인들이 격론을 벌인다. 그리고 사람들은 가족들에게 자신이 재난으로부터 안전하다고 알린다. 이 모두 소셜 미디어를 매개로 한다. 오로지 오락만을 위해서가 아니라 생활의 모든 측면에서 소셜 미디어를 사용하면서 의사소통의 형식이 자연스럽게 진화하고 있다.

　많은 조직이 소셜 미디어를 그저 마케팅 툴이나 경박한 콘텐츠 정도로 여기지만 소셜 미디어 진화의 의미를 이해하는 것이 중요하다. 걱정될 정도로 많은 조직이 큰 규모의 이벤트를 다루고 있으면서도 소셜 미디어에서 어떤 역할을 해야 되는지 고려하지 못하고 있다. 소셜 미디어에서 커리어를 시작할 마음이 있다면 자신이 위기 상황에서도 냉정하게 대처할 수 있다는 점을 보여 주면 잠재적인 고용주들의 시선을 끌 수 있다. 언론기관이나 정부 또는 큰 자선단체에서 일자리를 찾는다면 이런 상황에 처할 확률이 높아진다. 그리고 모든 조직들은 시의에 부적절한 어떤 콘텐츠를 올리는 실수를 막기 위해 현재 전국적으로 어떤 사건이 이슈가 되고 있는지 항상 주의 깊게 살펴야 한다.

자신이 만약 전문적인 소셜 미디어 계정을 운영하고 있다면 앞으로 어떤 종류의 이벤트를 다루겠는가?

재난 대응

인재든 자연 재해든 재난 상황일 때 먼저 떠오르는 것이 소셜 미디어다. 현장의 사람들은 상황을 시시때때로 생중계해서 소셜 미디어에 올리고 콘텐츠를 공유하며 집단 히스테리가 발생한다. 세계의 뉴스 회사들은 재빠르게 소식을 전하고 정부 기관과 경찰력은 소셜 미디어를 통해 현장 상황을 업데이트한다.

자신이 사건의 진상을 찾아내려 애쓰는 기자거나 궁지에 몰린 사람들을 돕는 구호단체 요원 또는 정부 기관에서 일하고 있다면 조직을 위해서 정보들을 빠르게 걸러 내야 한다. 빠르고 정확하게 행동하는 것이 중요하다. 사실 빠르게 그리고 동시에 정확하게 일을 처리하기는 쉽지 않지만 대부분의 소셜 네트워크는 지역과 프로필을 기준으로 정보를 필터링하는 기능을 제공한다. 방금 만들어지거나 익명으로 올린 내용들은 피해라. 슬프게도 사기꾼들은 항상 이런 상황에서 사람들을 속이려 시도한다.

이런 상황에서는 소셜 미디어에 중요한 정보를 올리고 업데이트를 하는 것이 중요하다. 대개는 사건이 발생했을 때 사람들이 첫 번째로 찾는 곳이 바로 소셜 미디어일 때가 많기 때문이다. 사람들은 부적절해서 보고가 필요한 콘텐츠를 공유할지도 모른다. 사람들에게 현장을 찍은 사진을 올려 달라고 요청할 수도 있다. 이를 통해 기자와 정부 모두 도움을 받는다.

대개는 그렇겠지만 자신의 조직이 만약 사건과 관련이 없다면(예를 들어 마케팅 회사에 근무하고 있다면) 빠르게 현재 진행하는 캠페인들을 다시 검토해서 부적절해 보이는 콘텐츠는 없는지 점검한다. 모든 일을 중단시키는 것은 지나친 조치가 되겠지만 PR 관련 재앙을 방지하려면 모든 것을 재검토해야 한다.

시민들의 참여

정부와 정치인들은 갈수록 소셜 미디어를 더 많이 사용하고 있다. 비록 최고의 예시는 아니지만 2016년 도널드 트럼프의 당선은 분명히 트위터와 많은 관련이 있다.

소셜 미디어가 범람하는 시대임에도 불구하고 많은 정치인들은 그 중요성을 아직 깨닫지 못하고 있다. 반향실 효과(비슷한 생각을 가진 사람들이 끼리끼리 모여 있으면 그들의 사고방식이 더 증폭되고 극단화되는 것-옮긴이)에 대해 들어봤을 것이다. 하지만 소셜 미디어는 사람들에게 선거 등록에 대해 안내하고 투표나 설문에 참여하게 만들고 사회 정의를 위한 캠페인에 주의를 기울이게 할 수 있다. 사람들이 인터넷에서 다른 의견을 가지고 다른 이들을 설득하는 경우는 드물지만 소셜 미디어는 선출된 대표들과 긍정적으로 소통하고 시민으로서의 삶을 향상시킬 수 있는 최선의 공간이 되어야 한다. 만약 자신이 공공 부문의 커뮤니케이션 역할을 맡게 된다면 시민 참여도 중요한 부분이 될 것이다.

트롤

어느 시점이 되면 인터넷에 트롤이 나타난다. 슬프지만 사실이다. 트롤이란 대개는 익명으로 불쾌하고 기분 나쁜 내용이나 선동적이고 혐오스러운 개인적인 논평을 게시하여 분노를 이끌어 내거나 실수를 유발하게 만드는 사람들을 지칭하는 말이다. 이는 불쾌한 일이다. 만약 자신이 콘텐츠에 많은 노력을 기울이고 있다면 몹시 가슴 아픈 일이 될 것이다. 트롤의 행위 때문에 소셜 미디어에 아직 확신이 없는 사람들은 소셜 미디어 사용을 꺼려한다. 적극적으로 댓글들의 내용을 조정하고, 필터를 미리 설치하고, 신호등 시스템을 이용하여 극단적 의견들을 점검해서 무엇이 적절하고 그렇지 않은지를 판단해라. 기본적으로 누군가를 금지하고 댓글들을 삭제하는 것을 꺼려해서는 안 된다. 사람들은 자유로운 댓글을 달 수 없는 데 대해 불평할 수도 있지만 특정 선을 넘으면 자신의 채널에서는 허용되지 않는다는 점을 알릴 수 있다. 규칙을 정했으면 사람들에게 그 규칙을 집행하는 것에 대해 불편하게 생각하지 마라.

시각적 스타일만큼
중요한 '말투'

효과적인 소셜 미디어 브랜드를 위해서 말투의 중요성은 아무리 강조해도 지나치지 않다. 브랜드의 말투는 자신의 시각적 스타일과 주제만큼이나 중요하다.

소셜 미디어 측면에서 이는 자신의 포스트를 그저 특정 방식으로만 쓰라는 의미가 아니다. 이는 사람들과 상호 작용하는 방법, 소셜 미디어를 통한 생중계를 관리하는 방법, 취재를 위해 선택할 주제들에 대해 알려준다. 비디오 또는 그래픽 디자인을 의뢰할 때도 사용하는 말을 고려해야 한다. 이를 통해 자신의 소셜 미디어 말투에 적합한 결과물을 만들 수 있다.

일반적으로 소셜 미디어는 매우 편안하고 친밀한 방식의 의사소통이다. 사람들은 딱딱한 표현을 원하지 않는다. 또한 간결하고 흥미로운 내용이어야 주의를 끌 수 있다. 이는 많은 조직에 익숙한 방식이 아니다. 특히 격식을 차린 언어를 사용하던 곳에서는 특히 더 어렵다. 예를 들어 법률 회사나 기술 회사는 소셜 미디어에 적응하기가 쉽지 않다.

2장에서 사람들이 참조할 수 있는 문서를 만드는 법에 대해 이야기했다. 여기에 신호등 조정 시스템을 결합하여 자신의 소셜 미디어 브랜드의 말투를 안전하게 진정으로 향상시킬 수 있다. 이는 자신의 팀이 어떤 스타일의 언어를 사용해야 하고 누구에게 응답해야 하는지에 대해 결정할 수 있도록 도와준다. 큰 조직들은 너무 자주 재미가 없는 격식과 건조한 말투에 얽매인다. 그래서 말투 가이드에는 편한 내용을 다룰 때(그렇지 않을 때도) 농담을 사용할지 이모티콘을 쓸지에 대한 부분도 담아야 한다.

자신의 조직이 소셜 미디어 채널을 통해 대중과 교감을 하고 있다면 이곳에 불만 사항이 올라올 확률도 높다. 불만 사항을 올린 댓글들을 삭제해 버리는 것은 정말 좋지 않은 생각이다. 즉각적으로 반발을 불러오고 문제를 악화시킨다. 불만 사항을 제기한 댓글을 어떻게 처리할지, 어떤 말을 사용할지 등을 미리 생각해 둔다. 명확하게 이해하고 공감할 수 있는 말이 필요하다. 이는 신호등 시스템을 통해 구체화할 수 있다.

자기만의 명확한 말투를 가지면 난립한 소셜 미디어 속에서 자신의 채널이 뚜렷하게 돋보인다. 만약 사람들이 자신과 상호 교감하는 것을 즐긴다면 특히 더 그렇다. 이노센트 드링크와 웬디스 같은 브랜드들은 이런 방식을 사용해서 큰 효과를 얻었다. 그렇지만 이는 말하기는 쉬워도 행하기는 어렵다. 팀원 모두가 하나의 재미있는 특유의 말투를 쓰는 것은 쉽지 않다. 구성원들이 따라 할 수 있는 가이드가 필요하고 연습을 많이 해야 한다. 다시 말하지만 참조할 수 있는 스타일 가이드가 있다면 일이 정말 쉬워진다. 팀에 전담하여 이를 관리하는 사람이 있다면 역시 도움이 된다. 문법을 꼼꼼히 따질 뿐만 아니라 어떻게 다른 스타일의 글을 쓰고 사용하는지 정말로 이해하는 사람을 말한다.

만약 디지털 에이전시에서 근무를 한다면 서로 다른 고객을 가진 많은 소셜 미디어 계정을 관리할 것이다. 젊은 층에 집중하는 스포츠 브랜드에서부터 법률 회사까지 다양할 수 있다. 이런 기술들을 개발함으로써 잠재적인 고용주들에게 자신이 그들의 스타일에 맞는 콘텐츠를 쉽게 제작할 수 있다는 것을 증명할 수 있다.

소셜 미디어의
한계

반향실 효과

소셜 네트워크는 서로의 이벤트와 각자의 주제들이 쉽게 소통할 수 있는 매개체로 만들어졌다. 처음에는 사람들이 예전보다 훨씬 더 많은 것을 발견하고 배울 수 있는 유토피아로 여겼다. 하지만 알고리즘에 대부분 의지해서 사람들이 흥미가 있는 것들을 취사해 보여 주는 시스템은 사실상 반대 효과를 일으켰다. 사람들은 자신만의 디지털 세계를 창조했다. 좋아하는 것만 보여 주고 자신과 같은 의견들과 이미 사용하는 제품들만 주를 이뤘다. 이를 반향실 효과라고 부른다(때로 '필터 버블'이라고도 한다). 다른 사람들의 반대 의견을 볼 수 있는 기회가 극히 적어진다. 우리 모두에게 조금씩 책임이 있다. 소셜 미디어의 친구가 아이가 생겨서 끊임없이 아이 사진만 올려 언팔로우하고자 할 때 짧은 시간에도 가능하다. 우리는 소셜 미디어 피드에 완벽하게 자신을 위해 규격화된 내용만 올라오게 만들 수 있다.

이는 우리 사회 전체에 수많은 문제를 발생시킨다. 구체적으로는 콘텐츠 공급자들에게도 악영향을 미친다. 이는 자신이 하는 일에 대해 지지를 보내는 구독자들에게는 효과적으로 콘텐츠를 공급할 수 있는 반면에 지지를 보내지 않거나 자신의 브랜드를 모르는 사람들의 필터 버블을 깨트리기가 극도로 어려워진다는 것을 의미한다. 예를 들어서 후진국에 도움을 주는 정부부처나 자선단체의 경우를 보자. 이웃 국가가 어려운 시기에 깊은 관심을 쏟고 지지를 보내는 참여율 높은 많은 구독자가 있을 수 있다. 하지만 자신이 외국 원조에 대한 회의론자를 지지자로 바꿀 수 있도록 설득하는 임무를 받았다면 그렇게 하기가 매우 어렵다는 것을 알게 될 것이다. 소셜 미디어 알고리즘은 사용자가 원치 않는 콘텐츠는 보여 주지 않는다. 쉬운 해결책은 없지만 비용을 지불하는 광고를 사용하거나 그런 구독자들에게 영향력이 있는 인플루언서를 이용하는 방법이 있다.

메시지 앱으로의 이동

세계를 향해 방송하는 것이 항상 좋은 생각만은 아니다. 십대는 부모가 페이스북에 자신의 계정을 포함시켜, 또 고용주들은 직원들의 트위터 피드를 샅샅이 뒤져 언제 올라올지 모를 부적절한 콘텐츠를 찾으려 한다. 그래서 사람들은 더욱 프라이버시 이슈에 관심을 기울이게 됐다.

시간이 흐르면서 더욱더 많은 소셜 미디어 커뮤니케이션이 메시지 앱으로 넘어가고 있다. 아마도 2011년에 나온 스냅챗이 가장 유명한 사례일 것이다. 익명으로 사용할 수 있고, 개인적인 메시지를 보내고, 일정 기간이 지나면 올린 콘텐츠가 사라지는 네트워크가 폭발적인 인기를 얻었다.

이는 디지털 콘텐츠 공급자들에게 새로운 도전 과제를 던졌다. 자신은 콘텐츠를 대중에게 공개하는데 정작 구독자들은 개인적 메시지 앱에서 활동할지도 모른다. 이렇게 되면 콘텐츠를 효율적으로 공급하기가 어려워지고 자신의 구독자들에 대한 의미 있는 분석 데이터를 얻기가 힘들어진다. 그렇더라도 일부 장점은 있다. 이런 메시지 앱들은 구독자들에게 재빨리 방송하고, 사용자들의 의견이나 콘텐츠를 모을 수 있는 편리한 방법을 제공한다. 메시지 앱을 사용하는 사람들과 교감하는 방법과 더불어 어떻게 자신의 콘텐츠를 메시지 앱을 통해 빠르게 공유시킬 수 있는지를 생각해 보는 것이 중요하다.

증강 현실

증강 현실은 대체로 과학 소설에서 가장 많이 사용하는 단어다. 미래에는 뇌로 곧바로 콘텐츠를 쏘아 주는 로봇 눈동자 덕분에 읽는 행위가 필요하지 않을 수도 있다(뭐 내 예상이 안 맞을 수도 있지만). 그렇지만 공상 소설만은 아니다. 전 세계적으로 5억 명 이상이 포켓몬 고를 다운로드했다. 증강 현실은 스마트 기기가 실제 세상과 점점 더 교감하게 되면서 디지털 콘텐츠의 가장 최첨단 기술이 될 확률이 높다. 이는 사람들이 콘텐츠를 소비할 때 사용하는 방법이 점점 더 이질적이 되어 간다는 것을 의미한다. 그리고 시의적절하고 유용한 정보가 더 강조될 것이다. 이는 스토리텔러들에게도 크나큰 기회가 된다. 허구의 세계와 실제 세상이 어떻게 섞일지 생각하는 것은 몹시 흥분되는 일이다. 예를 들어 스마트폰으로 현재 위치와 가고자 하는 장소를 설정하면 대화형 프롬프트에 경로가 뜨고 그 경로를 따라 이동할 수 있다.

증강 현실이 어떤 기회를 제공할지 상상하는 일은 매우 흥미롭다. 이는 그리 머나먼 일이 아니다. 만약 자신이 증강 현실을 잘 이해하고 이를 어떻게 자신의 브랜드에 사용할지 아이디어가 있다면 앞으로 압도적인 경쟁력을 가질 수 있다.

소셜 미디어를 활용할 때 범하는 실수

모든 네트워크를 대상으로 삼는다

예산이 많거나 팀원이 많지 않다면 모든 소셜 미디어 네트워크를 대상으로 효과적인 작업을 진행하기 어렵다. 굳이 그럴 필요도 없다. 많은 조직은 수많은 서로 다른 소셜 네트워크를 모두 대상으로 삼아야 한다고 생각한다. 그저 각각의 네트워크 존재 자체가 그 이유다. 하지만 하나 또는 두 개의 네트워크를 선택해서 집중하는 것이 대상이 너무 많아 콘텐츠의 질보다 양에 쫓겨 업무에 스트레스를 받는 것보다 전략적으로 훨씬 좋은 효과를 낳을 수 있다.

대화 없는 방송

소셜 미디어 채널에 콘텐츠를 게시하고 일이 끝났다고 생각하면 일은 편하다. 구독자와 대화를 하지 않는다면 무엇이 효과가 있고 없는지를 절대 알 수 없다. 더 중요한 점은 사람들은 자신들이 좋아하는 콘텐츠 공급자와 대화할 수 있기를 기대한다. 대화 없이 방송만 진행하면 구독자들은 빠르게 지루함을 느낀다.

전략 부재

적절한 소셜 미디어 전략이 없다면 두대체 왜 이 일을 하고 있는 가? 소셜 미디어가 세상에 존재한다는 이유만으로 콘텐츠를 게시하는 행위는 모든 사람의 시간을 낭비하는 짓이다. 어떤 모습이 성공인지, 자신의 팀이 어느 방향으로 가고 있는지, 어떻게 중요한 새로운 네트워크를 찾아낼 수 있는지 알 수가 없다. 정말 많은 콘텐츠 공급자들이 그저 소셜 미디어에 게시물을 올리는 것만으로 일이 끝났다고 생각하고 있는 것이 슬픈 현실이다.

이미 소셜 미디어를 사용하고 있다면

특정 네트워크를 이미 사용하고 있다면(종류는 상관없다) 팔로우하고 있는 하나 또는 두 개의 브랜드, 사람들 또는 조직들 그리고 그곳에서 즐겨보는 콘텐츠를 생각해 보라. 이 연습은 자신이 그것들로부터 무엇을 즐기는지, 그리고 이를 통해 소셜 미디어를 보는 자신의 접근 방식에 대해 보다 분석적으로 생각해 보기 위함이다.

그들의 게시물들을 살펴보고 다음 표를 완성해 본다.

소셜 미디어 분석

그들이 잘하는 것은 무엇인가?	
어떤 종류의 콘텐츠를 가지고 있는가	
무슨 콘텐츠를 좋아하는가 그리고 이유는?	
부정적 댓글에 그들은 어떻게 대응하는가?	
그들의 말투에 일관성이 있는가?	

아직 소셜 미디어를 사용하고 있지 않다면

아직 소셜 미디어를 사용하고 있지 않다면 지금 바로 시작해 보자. 불안한 마음이 든다면 꼭 실명으로 프로필을 작성할 필요는 없다. 간단히 가상의 회사를 만들고 자신감이 생길 때까지 게시물을 올리는 실험을 해 본다.

앞서 설명한 내용을 참고해 어떤 채널을 선택할지 정한다. 가상의 회사가 어떤 모습으로 비춰지길 원하는지, 그리고 어떤 계층의 구독자들을 대상으로 할지에 대해 생각해라. 이후에 선택한 채널에 프로필을 설정하고 진행해라. 일단 계획을 세우고 운영을 시작하면 이 책에서 배운 기술들을 잘 이용할 수 있다.

성공은
사람에게
달려 있다

_ 디지털에 친화적이지 않다면 조직 문화를 바꾸는 것이 필수다.

_ 지지자들로 네트워크를 구축하면 삶이 훨씬 쉬워진다.

_ 플랫폼이나 기술에만 지나치게 집중하는 경향이 있지만
  문화와 콘텐츠 또한 동일하게 중요하다.

디지털 콘텐츠의
성공 여부

소셜 미디어의 성공 여부는 계획이나 창의적인 아이디어가 아니라 사람에게 달려 있다. 바로 자신의 동료나 협력자, 구독자, 고객 들이다. 디지털은 지금도 급변하고 있다. 이런 변화로 인해 사람들은 흔히 두려움이나 불안함부터 갖기 쉽다. 디지털 콘텐츠 업계에서 커리어를 갖는다면 이런 경험을 할 확률이 높다. 기자들에게 전화를 수없이 돌려가며 이벤트를 준비하지만 소셜 미디어를 전혀 이해하지 못하는 직원들로 구성된 전통적인 PR 에이전시에서 일하게 될지도 모른다. 지면에만 익숙한 나이 든 기자가 디지털 스토리텔링은 자신의 커리어의 종말을 의미한다고 두려워하는 뉴스룸에서 근무할 수도 있다. 또는 부정적인 온라인 고객 리뷰를 무시해 버리는 사업체에서 일할 수도 있다. 이런 사람들에게 영향을 주고 디지털을 지지하게 만들거나 최소한 인정하게 만드는 노력이 자신의 성공 정도에 굉장히 중요한 요인이 된다.

다른 사람들과 관련된 문제가 전부는 아니다. 디지털 세계는 너무 빨리 움직여서 가끔은 따라잡기가 불가능해 보인다. 위험을 감수해야 하고 하나의 변화가 성공적인지 아닌지 즉각적으로 판별해야 한다. 시간이 지나면서 자신이 점점 더 조심스러워한다는 것을 쉽게 발견할 수 있다. 위험을 너무 회피하다 보면 자신의 콘텐츠와 채널은 진부해진다. 결과적으로 구독자들은 떠나간다.

사람들의 선입견을 바꾸는 것은 극히 힘든 일이다. 조직의 문화를 바꾸는 것도 마찬가지다. 하지만 조직적 또는 문화적 변화는 거의 항상 디지털 콘텐츠 성공에서 큰 부분을 차지한다. 과정이 어렵더라도 성공하면 대가가 따른다. 사람들과 같이 가지 못하면 직장 생활에서 어떤 새로운 일도 시도할 수 없다.

자신과 같이 일하는 사람들은 어떠한가?

디지털 콘텐츠 분야의
네 종류 사람들

디지털 콘텐츠 분야에서는 사람들을 몇 가지 부류로 나눈다. 아마도 모든 직업에 동일하게 적용되겠지만 말이다.

디지털 전도사

모든 사람이 디지털 전도사 같기만 하다면 좋을 텐데. 디지털을 이해하고 있는 조직 내의 사람들을 일컫는다. 그들은 디지털의 중요성을 이해하고 내가 시도하는 바를 지지해 준다. 그리고 그들의 지식과 열정을 다른 사람들과 나누는 데 능하다.

그들은 나의 성공에 절대적으로 중요하다. 작은 조직에서 일한다면 자신이 모든 디지털 작업의 '해결사'가 될 수도 있다. 하지만 중간 크기나 대형 조직에서는 자신이 모든 곳을 돌볼 수는 없다. 또한 사람들은 자신의 팀 내부의 소리에 더 귀 기울인다.

그러므로 조직 내부에 디지털 전도사의 네트워크를 키우고 구축하면 공식적 혹은 비공식적으로 자신의 디지털 전략을 지지받을 수

디지털 콘텐츠는
처음입니다만

있다.

자신이 만약 디지털 콘텐츠를 제작하는 업무를 책임지고 있다면 조직 내에서 무슨 일이 진행되고 있는지도 알아야 할 필요가 있다. 내부에 '기자' 네트워크를 조직해서 조직 안에서 일어나는 재미있는 이야기들에 대한 정보를 지속적으로 제공받을 수 있다. 스마트폰이 넘쳐 나면서 디지털 전도사 역시 콘텐츠를 캡처하고 공유할 수 있다.

자신의 사절단 네트워크와 정기적인 업데이트 기회를 가져라. 가장 중요한 것은 그들의 아이디어에 귀를 기울여라. 그들은 거의 무한대의 창의적인 아이디어와 영감을 불어넣어 줄 것이다.

회의론자

회의론자는 전도사와는 반대 위치에 있다. 내가 하는 일을 지지해 주지 않고 실제로는 방해하려는 사람들이다. 믿기는 하겠지만 그들도 실제로는 도움이 될 수 있다. 특히 전향자(뒤쪽에 내용이 나온다)가 된다면 큰 도움이 된다.

그들은 반대도 많고 복잡하기도 하다. 디지털 콘텐츠는 다른 형태의 의사소통 방식과 많이 다르기 때문에 전통적 플랫폼을 이용하는 사람들이 디지털의 역할을 받아들이기 어려워한다. "우리는 항상 이 방식으로 일해 왔어"는 무엇을 하든 나오는 끔찍한 핑계다. 영상을 제작하려 협조를 구할 때 "우리는 TV 방송을 위해 항상 5분 길이로 와이드 스크린에 맞게 제작해 왔어"는 소셜 미디어를 위한 대답이 아니다.

또한 그저 디지털을 간편한 도구로 생각할 뿐 중요하지 않게 여기는 사람들이 있다. 이들이 대개는 가장 설득하기 힘들다. 냉소적인 사람들을 만날 때는 반드시 자신감을 가지고 대해라. 디지털 콘텐츠가 왜 조직에 중요한지 단순하게 설명한다. 데이터를 이용해서 자신의 설명을 뒷받침하고 사절단에게 도움을 청해 설득해라. 이는 시간이 걸리는 일이다. 그러니 인내해라. 자신의 콘텐츠가 성공하기 시작할 때 사람들은 반대하기 힘들어진다. 냉소에 대해 확고한 모습을 보여주는 것은 좋지만 너무 지나쳐 교만해지거나 모든 문제를 해결할 수 있다는 듯이 행동하지 않는 것이 중요하다. 그들의 관심 사항을 귀 기울여 듣고 수용하려 노력해라.

전향자

회의론자를 잘 설득하면 전향자가 되기도 한다. 전도사처럼 디지털 콘텐츠를 옹호하고 자신의 전략을 지지해 주는 사람들이다. 그들은 반대 입장에서 지지자로 자세를 변경했기 때문에 디지털 콘텐츠의 가치를 사람들에게 설득하는 데 있어 전도사보다 틀림없이 더 효과적이다. 그들은 회의론자들을 설득하는 데 특별한 도움을 주고 조직 내부에서 인플루언서 역할을 한다.

자칭 '전문가'

특히 소셜 미디어는 이를 사용하는 사람이 스스로를 전문가라고 생각하는 이들이 많다. 디지털 세계에서 일하는 사람들은 종종 이런 이야기를 듣는다. "내 조카가 스냅챗을 해. 우리라고 하지 않을 이유가 없잖아?" 혹은 "우리는 왜 이 사람들처럼 영상을 만들지 않는 거지?"라고 이야기한다.

이런 경우에 대처하기가 쉽지 않다. 조직에 적합한 디지털 전략을 수립하고 나면 많은 사람이 자신이 가장 잘 알고 있었다고 나설지도 모른다. 이는 마치 자신의 전략이 저평가받는 느낌이 들게 하고 자신이 하는 일에 대해 주저하게 만든다.

궁극적으로 이는 신뢰의 문제다. 여기서는 디지털 콘텐츠에 대한 권한과 책임을 자신이 가지고 있다. 그렇다고 그것이 자신이 모든 해답을 가지고 있다는 의미는 아니다. 하지만 이는 자신의 전문 영역이고 여기에는 책임이 따른다. 사람들이 자신을 함부로 대하도록 내버려 두지 마라.

조심해야 할 또 다른 종류의 이들이 있다. 자칭 전문가들이다. 디지털 의사소통의 범람에 따른 결과 중 하나는 디지털 전문가들의 증가다. 만약 자신의 조직이 더 많은 디지털 기반을 구축할 필요가 있다면 물론 그들 중 대부분은 전문 기술을 사용해서 많은 도움을 줄 것이다. 하지만 세상에는 꽤나 많은 사기꾼들이 있다. 그런 사람들은 알아들을 수 없는 디지털과 관련된 것들을 횡설수설을 쏟아 놓거나 의미 없는 분석 숫자에 의지한다. 또 작업 결과에 대한 명확한 데이터도 없다. 대체로 이런 성향들로 그들을 쉽게 구별해 낼 수 있다. 영입하는 디지털 전문가라면 누구든지 자신의 작업을 명확하게 설명할 수 있어야 한다. 명확한 SMART 목표를 설정할 수 있어야 하고 자신의 작업에 대한 분석 결과들을 공유해야 한다.

디지털 세계의 위험에 대처하는 법

'리스크'는 요즘 많이 등장하는 단어다. 또한 약간 지저분한 느낌을 주는 말이기도 하다. 위험을 부담한다는 것은 본능적으로 두렵거나 어떻게든 최소화하고 싶은 행위다. 위험을 전혀 부담하려 하지 않는다면 인생은 극도로 지루해질 뿐만 아니라 실패를 보장하는 길이다. 조직과 조직 내부의 사람들은 좋든 싫든 위험을 부담해야 한다. 위험을 무릅쓰는 자세를 가져야 자신의 디지털 콘텐츠를 신선하면서도 흥분을 주는 내용으로 만들 수 있다. 그리고 조직을 위한 새로운 기회를 발견할 수도 있고 조직의 꾸준한 발전을 꾀할 수 있다.

위험 부담은 자연스럽게 할 수 있는 행위는 아니다. 확실히 제안은 쉽지만 실행은 어렵다. 일이 잘못 됐을 때 무슨 일이 벌어질지, 동료들이 무슨 생각을 할까 걱정이 되기도 한다. 그렇더라도 이는 습관으로 만들 가치가 있다. 작은 시도를 자주 해라. 곧장 재앙이 덮치지는 않는다는 사실을 깨달을 것이다. 이후에는 더 큰 계획을 시도할 수 있다.

팀을 누가 이끄느냐에 따라서도 상당히 다르다. 예를 들어 자신이 팀을 이끌면서 유연한 혁신적 사고가 얼마나 중요한지 보여 준다면 팀 전체가 따라오기 마련이다.

디지털 콘텐츠는 사실 그렇게 위험하지 않다. 만약 수준이 낮은 콘텐츠를 만들었다면 구독자들의 기분을 상하게 할 수 있지만 거기서 더 악화되지는 않는다. 하지만 대중들과 교감하고 있다면 필요 이상의 공포심을 느낄 수도 있다. 디지털을 이용한 PR에 재앙이 발생할 때 브랜드나 조직에 치명적인 영향을 미치지 않을 것이라는 생각은 지나치게 순진하다. 하지만 이런 상황은 매우 드물다. 그리고 자신의 팀이나 조직이 디지털 기술과 구독자에 대한 이해도가 높을수록 위험은 줄어든다.

조직 내에서
디지털 콘텐츠의 위상

이 책의 첫 번째 장에서 나는 사실상 모든 조직이 디지털 채널을 통해 커뮤니케이션해야 될 필요가 있고 그래서 훌륭한 콘텐츠를 만들어야 한다고 이야기했다. 만약 자신이 콘텐츠를 제작해야 하는 책임을 맡았다면 어떻게 이를 광범위한 조직에 설득할지를 고민해야 한다.

우리는 문화적 변화에 대해 살펴봤다. 변화를 이뤄내기 위해서는 왜 조직이 디지털 콘텐츠를 제작하는 데 투자해야 되는지에 대해 명확한 근거를 가지고 있어야 한다. 궁극적으로 광범위한 조직을 대상으로 자신과 자신의 팀이 하는 작업을 위한 투사로서 싸워야 할 필요가 있다.

내러티브

'엘리베이터 피치(투자자와의 첫 만남 시 어떤 제품이나 서비스, 단체 혹은 특정 사안 등을 소개하는 간략한 연설-옮긴이)를 위한 내러티브를 생각해 본다. 엘리베이터에서 같이 일하는 누군가와 마주쳤는데 그가 "왜 소셜 미디어 영상에 그렇게 신경을 많이 쓰는지 모르겠어요"라고 이야기한다면 어떻게 그를 30초 안에 설득할 것인가?

조직의 다른 팀들과 마찬가지로 자신의 팀 역시, 특히 자금이 제한된 소규모 조직에서 디지털 콘텐츠에 왜 투자해야 하는지에 대한 정당한 이유가 있어야 한다. 회의론자가 대부분인 조직(아마도 이제 막 '디지털화'를 시도하는)에서 일을 한다면 더욱 중요하다. 세상에는 디지털에 대해 불평하는 사람들이 많다. 하지만 명확한 '세일즈 피치(자신이 말하려는 바를 설득력 있게 요점만 정확하게 전달하는 능력-옮긴이)가 준비되어 있다면 그들을 설득하는 데 도움이 된다.

그 이유는 단순한 시장의 힘 때문일 수 있다. 구독자들이 대개 디지털 채널을 통해 의사소통을 하기 때문에, 소셜 미디어에 참여하는 것이 중요하다. 디지털로부터 나오는 이익이 급증할 수도 있다. 자신의 내러티브는 조직뿐만 아니라 내부에서 일하는 특정 사람들에게도 디지털 콘텐츠에 대한 투자 기회를 제공할 수 있다. 성공함으로써 사람들에게 흥미로운 역할을 만들어 줄 수도 있고 조직 전반에 걸쳐 디지털 사용 능력을 구축할 수도 있다.

내러티브는 팀에서 맡고 있는 임무에 대해 설명하거나 자신의 작업이 어떻게 구독자, 고객 및 동료에게 혜택을 주는지를 모든 사람들에 이해시키는 데 도움이 된다.

조직 내 팀 구조

디지털 콘텐츠 팀은 조직 내부에서 이상한 구석에 처박혀 있다가 종말을 맞을 수도 있다. 흔히들 디지털 콘텐츠 작업을 뭔가 기술 관련 일로 오해하고 IT나 기술 관련 부서에 배치시킨다. 자신의 주요 역할이 의사소통이라면 특히 이는 좋은 일이 아니다. 대부분의 조직에서 가장 의사소통이 활발하게 이루어지는 곳에 위치해야 한다. 대개 뉴스룸이나 마케팅 팀, 보도 담당 부서나 제작 스태프들이 있는 곳들이다.

개별 팀에 각각 소속될 수도 있다. 이는 매우 큰 조직에서는 합리적인 선택이지만 중소 규모의 조직에는 부적절하다. 많은 자유가 주어지겠지만 중심 조직에서 소외된다. 다른 팀에서 디지털 기술을 연마하거나 그들이 하는 일에 영향을 미치는 것이 어려울 수 있다.

기회들

디지털 콘텐츠는 사실상 무제한의 창의적 기회를 제공한다. 이 책에서는 많은 사람들이 디지털에 대해 불안해한다는 것을 인식하는 것이 중요하다고 했지만 그 반대의 경우도 사실이다. 많은 사람들이 디지털에 강한 흥미를 느끼고 있다. 만약 자신이 조직의 디지털 작업을 주도하고 있다면 자신이 하는 일에 대해 궁금증을 가지고 있는 사람들을 쉽게 발견할 수 있다. 조직 내의 다른 사람들을 위해 미니 인턴십이나 파견 근무의 기회를 주는 것에 대해 고려해 보라. 이는 조직 내에서 디지털 부문의 위상을 높이는 완벽한 방법일 뿐만 아니라 잠재적 인재를 발굴하는 데 도움을 준다. 또한 자신이 만나게 될 여러 유형의 사람들에게서 앞부분에 다루었던 전도사 네트워크를 구축하는 것을 도와준다.

창조적인 팀 문화를 만드는 법

디지털 콘텐츠 세계에서 일한다는 것은 기본적으로 자신이 창조적이라는 의미다. 어떤 사람들은 창의적인 재능을 타고난다. 그리고 이 분야에서 일하는 누구든지 창의성을 동경한다. 팀을 관리하는 입장이라면 창의적인 문화를 조성하는 것 역시 중요하다. 자신의 팀을 창의적이고 진취적인 분위기로 만들 수 있는 몇 가지 아이디어가 있다.

비판은 정말, 정말, 정말, 줄여라(처음에는)

디지털에 경험이 없는 팀원이나 누군가가 전문적 수준에 도달하기 위해서는 자연히 시간이 걸린다. 그들의 첫 번째 시도는 대개 수준에 미달해 간섭하고 싶은 마음이 간절해진다. 이때 그들의 사기를 꺾어 가며 콘텐츠를 완벽하게 만들려고 하기보다는 자신감을 키워 주는 편이 훨씬 바람직하다. 콘텐츠의 수준과 상관없이 일단 격려와 피드백을 충분히 제공한다. 세부적인 간섭을 하고 싶은 충동은 억누르고 긍정적인 자세로 대한다.

자율

'자율'이라는 단어는 책임을 동반하기 때문에 종종 사람들의 마음을 불안하게 한다. 형식적으로 팀원들의 창의력을 끌어올리려 하기보다는 자신의 팀원들에게 하고 싶은 일이나 이야기를 마음껏 할 수 있는 하루를 줘라. 관심 있는 주제에 대해 비디오나 사진 시리즈를 만들고 글을 쓸 수 있게 장려한다.

다른 조직과 협업하기

쉽지는 않지만 가능하다면 다른 조직의 디지털 팀을 방문해 그들이 어떻게 일하는지 견학한다. 영감이 떠오를 수도 있고 그들이 직면한 도전 과제를 알 수도 있다. 경쟁하는 관계가 아니라면 서로의 프로젝트를 교환해 완전히 새로운 시각에서 각자의 도전 과제를 만들어 공유할 수도 있다.

완전히 다른 이야기를 해라

가끔은 팀원들에게 완전히 다른 이야기를 해보라고 권한다. 대중에게 공개해야 하는 부담감 없이 가볍게 접근함으로써 전혀 다른 방향으로 사고할 수 있게 하는 좋은 방법이다. 만약 주로 젊은 층 대상으로 음악이나 코미디 콘텐츠를 제작해 왔다면 진지한 뉴스를 소재로 제작을 시켜 본다. 그들은 새로운 스토리텔링 기법을 배우고 무언가 새로운 시도를 할 수 있다.

리더십
키우기

　팀을 이끄는 것이 처음이라면 가면 신드롬(자신의 성공이 노력이 아니라 순전히 운으로 얻어졌다 생각하고 지금껏 주변 사람들을 속여 왔다고 생각하면서 불안해하는 심리-옮긴이)으로 인해 한바탕 고통을 겪을 수 있다. 자신이 할 수 있는 게 아무것도 없고 지금 하고 있는 일이 무언지도 모른다고 느낀다. 나쁜 소식은 이 느낌이 사라지지 않는다는 생각에 사로잡힌다는 것이고 좋은 소식은 모두가 비슷한 경험을 한다는 것이다. 모든 사람이 어느 시점까지는 자신의 커리어를 쌓아야만 한다. 이제 첫 시도를 하는 것이라면 말 그대로다. 처음이니만큼 불안한 것이 당연하다.

　디지털 콘텐츠 세계에서 일을 하다 보면 이미 언급했던 다른 도전 과제들과 부닥친다. 조직의 문화 문제, 디지털에 대해 냉소적이거나 자신이 전부 알고 있다고 생각하는 사람들을 만난다. 또한 자신의 작업 결과물들은 대중에게 공개된다. 그들은 즉각적인 피드백을 한다. 긍정적인 경우도 있지만 그렇지 않은 경우도 있다.

　다음은 특별히 창의적인 디지털 콘텐츠 팀을 이끌 때 중요한 몇 가지 원칙들이다.

디지털 콘텐츠는
처음입니다만

편안함

일을 열심히 할 필요가 없다는 이야기가 아니다. 흔히 창의성과 자신감은 사라지기 쉬워서 키워 내기가 힘들다고 이야기한다. 같이 일하는 팀원들은 어찌 됐든 팀장이 운영하는 '분위기'에 영향을 받는다. 신경질적이고 위험을 혐오하는 리더는 전체 팀원들이 똑같은 방식의 사고를 하게 만들고 창의성은 완전히 질식되어 사라진다. 분명히 때때로 확신이 서지 않고 불안한 마음이 들 때가 있겠지만 침착함을 유지하고 자신감 있게 팀원들을 이끌려고 노력한다.

들어라

혼자서 모든 것을 해야 한다고 생각하는 것은 금물이다. 효율성 있는 창의적인 지도자는 팀원들의 목소리에 귀를 기울이는 사람이다. 자주 그들의 아이디어나 의견을 물어라. 필요할 때는 결재를 받지 않고 일을 진행할 수 있게 해라. 그리고 자유롭게 (건설적인) 반대를 할 수 있도록 격려한다. 팀원들은 끊이지 않는 멋진 아이디어의 보고가 될 수 있다. 그들이 줄 수 있는 도움을 놓치지 않는다.

명확해라

새로운 혁신을 제안할 때는 최대한 명확하고 간결하게 가이드를 제공하여 훈련시킨다. 대부분 디지털에 대한 이해나 기술 수준이 낮다. 업계 은어나 유행어를 사용해 메시지나 구독자들을 혼란스럽게 한다. 어디로 가는지 방향을 모를 때 팀이 잘될 수는 없다. 리더가 어디에 우선순위를 두고 있는지 모른다면 팀원들은 머뭇거리게 된다. 사람들이 자신의 창조적인 일에 대해 열정을 갖는 것은 자연스러운 일이며 그들은 대개 비판을 싫어한다. 하지만 변화를 요구하는 명확하고 이해할 수 있는 이유를 제시하면 애매한 피드백보다 훨씬 더 잘 통한다.

데이터를 이용해라

현대 경제에서 데이터는 가장 소중한 자산 중 하나다. 그리고 자신이 하는 모든 일-리더십을 포함해서-에 도움이 되는 정보를 제공한다. 하지만 데이터 하나에만 의존할 수는 없다(프레젠테이션이 실제로 몹시 지루해진다). 하지만 자신의 계획이나 통찰 그리고 주장에 데이터로 뒷받침하면 매우 효과적인 지도자가 될 수 있다.

창의적 아이디어를 공유해라

자신의 팀의 새롭고 창의적인 아이디어를 조직과 다른 사람들과 공유해라. 디지털 커뮤니티는 매우 활동적이며 사람들은 새로운 아이디어를 듣고 싶어 한다. 만약 자신이 정말로 성공적이고 새로운 창의적 방식의 스토리텔링을 개발했다면 아마도 사람들은 어떻게든 이를 훔쳐갈 것이다. 그러니 이를 자발적으로 공유해서 팀의 신뢰를 올리는 것이 더 나은 방법이다. 이는 업계 내에서 자신의 위상을 세우고

인지도를 올릴 수 있도록 도와준다.

흥미도 중요하다

구글은 직원들에게 평상시 업무와 별도로 자신들이 흥미를 느끼는 무언가에 쓸 시간으로 근무 시간의 20퍼센트를 주는 것으로 유명하다. 지금은 이를 폐지했지만 그 원칙이 쓸모가 없다는 의미는 아니다. 경청의 중요성과 마찬가지로 팀은 가치를 평가받고 동기부여를 받아야 한다. 팀원들에게 자신들이 흥미를 느끼는 주제를 추구할 시간을 줘라. 이를 통해 행복한 동료와 일하는 기쁨뿐 아니라 새롭고 흥미로운 아이디어로 보답을 받을 수 있다.

네트워킹
툴

　메시지 앱과 소셜 미디어의 인기는 우리 직장 생활의 모습도 실제로 바꾸었다. 그 누구도 이메일이나 미팅 약속의 늪에 빠지는 것을 좋아하지 않는다. 새로운, 더욱 편리한 커뮤니케이션 방법이 출현했다. 메시지 플랫폼인 '슬랙Slack'은 2013년에 출시되어 빠르게 인기를 끌었다. 이를 이용하면 긴 이메일을 작성할 필요 없이 동료들에게 즉시 메시지를 보낼 수 있다. 2016년에 페이스북은 소셜 네트워크 버전으로 워크플레이스를 발표했다. 이를 통해 사람들은 작업을 공유할 수 있고 동료들에게 메시지를 보내고 콘텐츠를 공유한다.

　이런 툴들은 의사소통을 쉽게 해주는 것을 넘어서는 중요한 목적을 수행한다. 전통적으로 내부 커뮤니케이션은 조직의 규모가 크든 작든 매우 중요하다. 자신이 디지털 콘텐츠 분야에서 역할을 맡고 있다면 좋은 이야깃거리나 사용자 생산 콘텐츠를 찾기 위해 현재 무슨 일이 진행되는지 인지할 필요가 있다. 디지털 관련 조직 내부의 문화 개선 프로그램을 담당하고 있다면 명확한 커뮤니케이션과 토론에 초청하는 일은 이 업무의 중심이 될 것이다. 동료들에게 디지털 콘텐츠가 조직에 왜 중요한지 설명한다. 자신의 팀이 하고 있는 일을 옹호하고 고객과 수혜자, 주주들로부터 받은 긍정적 피드백을 공유한다.

이런 툴들은 팀원들과 빠른 대화와 간편한 파일 전송을 가능하게 하여 도움을 많이 준다. 내부 소셜 네트워크나 메시지 플랫폼은 조직에 정말 많은 도움을 준다. 그렇더라도 사람들이 이를 사용하기로 결심했을 때 흔하게 저지르는 몇 가지 실수들이 있다.

- **'일이 끝났다'고 착각:** 내부 구성원들이 슬랙을 사용하게 됐다고 해서 어떤 디지털 변화를 성취한 것을 의미하지는 않는다. 만약 디지털 콘텐츠의 중요성을 지속해서 옹호하지 않고 변화를 요구하지 않는다면 사람들은 재빨리 사용을 멈춘다. 사람들을 설득하는 가장 좋은 방법은 가능한 한 사람들을 직접 만나는 것이다. 인기 많은 앱이나 플랫폼이 사람들과 얼굴을 맞대고 일할 수 있는 기회를 방해하지 않게 해라.
- **사용자의 니즈 무시:** 유행하는 새 앱을 비용 없이 조직에 배포했다고 가정하자. 뛰쳐나가서 어깨를 두드리며 혁신을 이뤘다고 자화자찬하기 쉽다. 하지만 이 앱에 대한 실질적인 필요성은 무엇인가? 무슨 앱이 됐든 제공하는 서비스를 팀이나 동료가 좋아하는지 살핀다. 실제 어떤 서비스가 필요하고 무엇이 업무에 도움이 되는지 알아본다. 그저 유행을 좇아서 새 플랫폼을 도입하지 말고 실제 사용자의 니즈에 집중하여 판단한다.

잉글랜드와 웨일스 크리켓위원회의
디지털 수석 닉 쇼

잉글랜드와 웨일스 크리켓위원회에서 디지털 분야를 이끌고 있는 그는 이전에 나우TV 스포츠의 회장이었으며, 럭비 축구 연맹의 디지털 담당 대표를 역임했다.

디지털은 많은 조직에서 우선순위에서 밀리는 취급을 당했다. 내가 디지털 업무를 처음 맡았을 때 소셜 미디어는 이미 인기가 높았지만 고위 임원들은 내가 조직에 소셜 미디어를 적용해야 한다고 말했을 때 농담으로 받아들였다. 점차 소셜 미디어의 대중성이 커지면서 그저 무시해 버리기는 힘들어졌다. 그럼에도 불구하고 조직에 변화를 불러일으키는 것은 여전히 힘들었고 고위 임원들은 결단을 내리는 데 주저했다.

내가 흔히 부딪혔던 또 다른 문제는 디지털을 투자가 아니라 비용으로 생각하는 인식이었다. 하지만 조직은 다른 관점으로 접근해야 한다. 세상은 갈수록 더 디지털화되어 갈 것이고 그저 무시만 하다가는 언젠가 어쩔 수 없이 받아들여야 할 때는 지금보다 훨씬 더 힘들어질 수 있다.

디지털 플랫폼은 이제 매우 세분화되어 있기 때문에 바쁜 고위직들을 설득하기가 매우 어려울 수 있다. 그래서 디지털의 장점과 달성하고자 하는 목표에 대해 매우 간결하고 명확하게 설명해야 한다. 때때로 사람들은 디지털이 일부러 찾아들어갈 필요 없이 그냥 저절로 발생하는 일이라고 생각한다. 최근에 고참 임원이 내가 책상 위에 크리켓 시합과 관련해 띄워 놓은 모든 화면을 바라보며 지나갔다. 그는 얼마나 많은 데이터가 기록되는지를 보고 정말 놀랐다. 그래서 나는 그를 의자에 앉히고 한 게임을 치르는 동안 기록되는 데이터들과 모든 콘텐츠에 대해 설명했다. 그는 말했다. "회장님도 여기에 모셔 와서 이걸 보여드려야겠는걸."

그저 디지털 업무만을 해서는 안 되고 노력 이전에 전략이 있어야 한다. 많은 조직이 결과물의 전략적 가치에 대한 고려 없이 그저 온라인에 게시하는 실수를 저지른다. 디지털 플랫폼을 사용하는 구독자들이 어떻게 자신의 주장을 뒷받침할 수 있는지를 보여주는 데 연구 데이터를 사용할 수 있다. 경우에 따라 충격 요법도 필요하다. 자신의 구독자들이 어떻게 콘텐츠를 소비하는지를 사람들에게 이해시키는 것이 필수다. 예를 들어 나이 어린 구독자가 전체 경기를 봐야 할 필요가 없거나 혹은 시간이 충분치 않아 여러 가지 많은 플랫폼으로 볼 수 있는 짧은 경기 영상을 원한다면 우리는 이를 제작한다. 고객을 모든 일에 최우선 순위로 놓고 업무를 처리하는 것이다.

내가 잉글랜드 크리켓위원회의 면접을 볼 때 나는 고위 임원진들이 디지털 수석 리더십 팀을 인정했는지 물었다. 그렇다는 답을 들은 후에야 나는 역할을 맡기로 했다. 고위직급에서 이를 인정하고 추진해야 한다. 예를 들어 자신의 CEO나 이사회가 디지털을 지지해야 한다. 그렇지 않다면 어떤 것도 이루어지지 않는다.

변화하는 데는 시간이 걸린다. 변화가 즉시 일어나지 않는다고 낙담해서는 안 된다. 인내가 중요하다. 내가 장기 전략으로 우리 디지털 팀의 성격을 '서비스' 부서에서 '정책' 부서로 바꾸겠다는 계획을 세웠다. 이것은 커다란 변화다. 우리는 어떻게 목표를 위해 디지털을 사용할지, 콘텐츠를 제작하기 이전에 전략이 무엇인지 스스로에게 질문을 던졌고 그로부터 콘텐츠와 채널에 대한 계획을 세웠다. 그렇게 목표를 향해 나아갔다.

정말 많은 사람들이 디지털을 사용하기 때문에 조직 내에도 디지털을 이해하고 있다거나 어떻게 조직이 이를 사용해야 되는지 안다고 생각하는 사람들이 많다. 이는 많은 사람이 디지털을 인식하고 있다는 점에서는 긍정적이지만 매우 위험한 측면 또한 있다. 내가 항상 제시하는 가상의 사례는 내가 직접 나가서 모든 코치 코스를 개설할 수는 없다는 것이다. 하지만 디지털이 도처에 널려 있기 때문에 거기에 의지해서 그냥 아무나 나가서 실행하면 된다는 생각들이 있다. 이것은 자신의 브랜드, 접근 방식 그리고 조직이 파편화되고 각자 제멋대로 움직일 수 있다는 것을 의미한다. 그래서 우리는 내부 교육을 통해 우리가 달성하고자 하는 바와 최선의 업무 방법에 대한 이해를 높였다.

흔히 조직은 무언가를 만들어 놓고 잊어버린다. 그냥 다음 업무로 넘어가지 말고 프로젝트를 어떻게 구축하고 강화할지를 생각해라. 실패를 두려워하지 말고 끊임없이 시도하고 효과가 없다면 변경하거나 폐기해라. 사람들은 흔히 효과가 없다고 인정하기를 꺼려한다. 하지만 이는 성공할 수 있는 유일한 방법이다. "우리는 이것을 시작했

디지털 콘텐츠는
처음입니다만

지만 원하는 결과가 나오지 않았어. 다른 시도를 해보자"라고 말할 수 있는 배짱을 가져라.

디지털 업계에서 일하기 위해 필요한 중요 기술은 대부분의 직업에도 적용된다. 무엇을 성취하고 싶고 왜 원하는지를 정말 간결하고 명확히 해야 한다. 자신의 구독자를 완전히 이해할 필요가 있고 전략적 결정의 근거로 삼아야 한다. 즉, 자신의 구독자들은 누구이고 지금 어디에 있는지를 알아야 한다. 나는 디지털 책임자로서 조금 특이하게 기술적으로 가장 뛰어나다고 주장하지는 않는다. 이것이 나의 자산이다. 왜냐하면 이를 통해 나는 기술이 어떻게 작동하는지에 대한 세부 사항보다는 기술이 가져올 수 있는 기회에 초점을 맞추기 때문이다.

궁극적으로 디지털은 로켓역학이 아니다. 이는 모두 상식과 관련돼 있다. 성공을 위해 구독자가 원하는 것이 무엇인지 반복해서 질문하고 기술적인 지식을 조금 이용하는 것뿐이다.

지금 단계쯤에는 직접 콘텐츠를 제작하고 평가 기술을 실습해 봤을 것이다. 이제 결과물을 다른 사람들에게 공개하고 테스트할 수 있다. 이는 자신에게 새롭고 창조적인 도전 과제들을 해결할 기회를 줌과 동시에 포트폴리오를 다듬고 다른 경험을 쌓을 수 있어 구직 기회를 더 넓혀 준다.

지지하는 지역 자선단체나 공동체에 연락을 해라. 그리고 디지털 관련 도움이 필요한지 문의해라. 그들 조직에서 봉사하며 이 영역에서 경력을 쌓고 싶다고 설명해라. 이를 통해 자신의 기술을 실습할 수 있다.

다음과 같은 업무를 해줄 수 있다고 제안해 보자.

- 현재 소셜 미디어 활동이 어떤 상태인지를 내용으로 하는 디지털 '감사', 어디를 개선해야 하는지, 그리고 어떤 채널을 사용할 필요가 있고 없는지 등을 제안한다.
- 위상을 높이기 위한 콘텐츠의 포맷과 쉬운 제작법에 대한 아이디어 등을 내용으로 한 콘텐츠 전략을 제안한다.
- 자신의 조언이 얼마나 성공적인지를 측정하기 위한 그들의 현재, 그리고 새로운 노력에 대한 기대 평가를 제안한다.

작은 자선단체들은 흔히 디지털 관련 도움을 간절히 원한다. 몇몇 단체들을 접촉하다 보면 도움을 원하는 곳을 손쉽게 발견할 수 있다. 미래의 고용주에게 실제 세상에서 자신의 디지털 기술을 어떻게 사용했는지를 보여 줄 수 있는 진짜, 확실한 경험을 할 수 있다.

일단 무조건
해봐

나는 독자들이 디지털 콘텐츠 분야에서 재미있고 창의적인 경력을 쌓는 데 이 책이 도움이 되기를 진심으로 희망한다. 이 책에서 디지털 세계의 많은 부분을 다뤘지만 여전히 배워야 할 것들이 많다. 새로운 기술을 배우려는 욕구와 지금 어떻게 세상이 돌아가는지에 대한 호기심이 여러분의 가장 큰 자산이 될 것이다.

누군가는 디지털 세계가 너무 빠르게 변한다고 불평한다. 하지만 정확하게 그 점이 사람들을 흥분시키는 이유다. 마음을 활짝 열고 새로운 것을 배우려는 자세를 가지고 있는 한 성공을 이어 갈 수 있다. 처음에는 불편할 수도 있지만 실제로 어떤 것을 바꾸거나 새로운 것을 배우는 습관을 기를 수 있고, 이는 갈수록 더 쉬워진다.

이 책에서 몇 번 말한 적이 있지만 위험을 감수하고 즐기는 자세가 본인과 주변 사람의 성공에 매우 중요하다. 절대로 위험을 감수하지 않겠다는 자세는 인생을 실패로 몰아가기 쉽다. 콘텐츠 제작 또는 스토리텔링의 새로운 방법들을 실험해야 한다. 만약 다른 사람들을 교육시킬 수 있는 행운을 만난다면 모든 업무를 혁신할 수 있는 그들의 감각을 개발해라.

궁극적으로, 다른 많은 것들과 마찬가지로 디지털은 단순함을 유지할 때 가장 효과적이다. 자신의 구독자들이 무엇에 흥미를 느끼는지와 그것과 관련된 이야기를 어떻게 잘 전달할지에 대해 집중해라. 그러면 성공한다.

만약 이 책에서 배운 내용에 열정이 있고 자신의 기술을 더 개발하고 싶다면 어떤 분야를 전문적으로 배울지에 대해 생각해 본다. 지금쯤이면 자신이 마케팅 담당자가 되고 싶은지, 기자가 되고 싶은지에 대한 목표가 생겼을 것이다. 해당 분야에 대한 지식을 습득하고 디지털 콘텐츠 기술을 어떻게 활용할지 결정한다.

더욱 심화된 콘텐츠 기술을 원할 수도 있다. 다른 사람들보다 관심이 많은 특정 분야가 있을 수도 있다. 나는 개인적으로 영상 제작을 매우 좋아해서 이 일을 시작했고 일에 대한 열정 때문에 보다 고급 기술을 쉽게 배울 수 있었다. 새로운 기법과 기술을 배우는 것은 언제나 가치 있는 일이다. 다른 사람들이 창의성을 유지하기 위해 무엇을 하는지 그리고 어떻게 다른 방식으로 디지털 콘텐츠를 만드는지를 계속 지켜본다.

마지막으로, 새로운 팀과 일할 때마다 나는 다음의 사진 속의 스티커들을 나눠 준다. 스티커 속의 글자들은 "일단 무조건 해봐^{Just F**king Do It}"의 줄임말이다. 독자들은 어떤 것이 올바른 접근인지, 이러한 기술들을 배울 수는 있는지, 아니면 디지털 콘텐츠 분야에서 과연 성공할 수 있을지에 대해 시작도 하기 전에 걱정하느라 많은 시간을 보낸

디지털 콘텐츠는
처음입니다만

다. 이런 부정적인 생각에 휩싸여 있거나 자신감을 갖지 못한다면 나는 다음의 네 글자를 말해 줄 수밖에 없다.

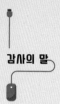

감사의 말

이 책이 나오기까지 도움을 준 많은 사람들에게 감사를 전한다. 온 갖 바보 같은 질문에도 친절히 답을 해준 편집자 안나 모스, 안나를 내게 소개해 준 펜티케이넨, 그리고 풍부한 배경지식으로 사례 연구 에 조언을 아끼지 않았던 모든 이들에게 진심으로 감사한다.

성숙한 인간으로 성장할 수 있도록 동기부여를 하며 도와준 사람 들이 내 옆에 있었다는 건 내 삶의 크나큰 축복이다. 나의 멘토인 제 지 필브로우, 존 데이비스, 스티브 클락, 존 홀리데이, 닉키 네스 그리 고 닉 폴라드에게 큰 감사를 보낸다. 메트 무이르, 조나단 하퍼, 폴 보 건 그리고 루이사 보크메우렌은 모두 이 책의 주제를 함께 이야기할 수 있는 사람들을 소개해 주었다. 리처드 허치슨은 이 책의 라디오 부 분에 큰 도움을 줘서 특별히 감사한 마음을 전한다. 그는 봉사하는 사 람들을 돕는 데 헌신하는 멋진 분이다. 닐 홀은 사진 부분과 관련하여 소중한 조언을 주었다. 이 책이 독자들에게 닿을 수 있게 수고를 하는 운송노동자들에게도 감사의 말을 전한다.

내가 누군가의 이름을 빼먹었다면 그건 순전히 내 잘못이다. 하지 만 이제 인쇄가 끝난 상황일 테니 미안할 따름이다. 마지막으로 내 인 생의 빛인 딸 이슬라와 아내 안나에게 감사한다.

디지털 콘텐츠는
처음입니다만

_ 커뮤니티와의 대화는 필수적이다. 그저 방송만 하지는 마라.
_ 대화에 참여하는 규칙을 세워라.
_ 새로운 시도를 계속해 구독자의 흥미를 유지시켜라.

_ 성공 여부를 알 수 있는 유일한 방법은 효과적인 평가를 통해서다.

_ 분석을 통해 콘텐츠에 대해 막대한 내용을 알 수 있다.

_ 신호를 잘못 해석하거나 숫자의 크기만 보는 실수를 조심한다.

_ 소셜 미디어는 오늘날 세계에서 가장 중요한 커뮤니케이션 수단 중 하나다.
_ 변화하는 속도가 빠르다.
_ 소셜 미디어에서 성공하는 핵심 열쇠는 창의성과 유연성이다.

_ 디지털에 친화적이지 않다면 조직 문화를 바꾸는 것이 필수다.

_ 지지자들로 네트워크를 구축하면 삶이 훨씬 쉬워진다.

_ 플랫폼이나 기술에만 지나치게 집중하는 경향이 있지만
문화와 콘텐츠 또한 동일하게 중요하다.

_ 수준 높은 글쓰기는 훈련을 통해야 이룰 수 있다.

_ 주제가 독자들의 관심을 붙들어 둘 수 있을 만큼 흥미가 있어야 한다.

_ 글을 올리는 웹 사이트나 플랫폼이 깨끗하고 정돈된 디자인으로
사용자들의 주의를 분산시키지 않아야 한다.

_ 어떤 디지털 채널들을 사용할 것인가?
_ 무슨 콘텐츠를 제작하여 해당 구독자들과 교류할 것인가?
_ 어느 정도 규모의 구독자들을 원하는가?
_ 커뮤니티 성공의 기준은 무엇인가?